# 朝鮮戦争70年

「新アジア戦争」時代を越えて

和田春樹
孫崎　享
小森陽一

かもがわ出版

# まえがき

二〇二〇年六月二五日は、「朝鮮戦争」勃発から七〇年となる。一九五〇年六月二五日から一九五三年七月二七日の休戦協定調印までの三年余で、三百万人が命を失った。この戦争について、大韓民国（以下「韓国」と略記）では「六・二五動乱」、朝鮮民主主義人民共和国（以下「北朝鮮」と略記）では「祖国解放戦争」という呼称になっている。この呼称の分裂そのものの中に、七〇年の歳月を経てもなお戦争が終わっていない朝鮮半島の現状が刻まれている。

「朝鮮戦争」という、七〇間続いている事態、第二次世界大戦後から現在に至るまで、東北アジアの現状を規定しつづけている歴史的出来事を、あらためて二一世紀の国際的な政治状況の中で位置づけ直すことを、本書は目指している。

ヨーロッパにおける第二次世界大戦の終結は、一九四五年五月八日のベルリン陥落であった。しかしアジアにおいて大日本帝国は、ポツダム宣言の受諾を拒み続け、一九四五年八月六日広島と九日長崎への原爆投下後ようやく受諾し、八月一五日の敗戦となった。

一九四九年にソ連が核実験に成功して以来の、ヨーロッパにおける核兵器による「東西冷戦」とは全く異質な、東アジアにおいては通常兵器による「南北熱戦」が続くことになった。その顕著な歴史的事態が「朝鮮戦争」なのである。

二〇一七年九月、繰り返される北朝鮮の核実験に対し、アメリカのトランプ大統領が戦争の可能性を国連総会で表明し、日本の安倍晋三首相がそれを支持した。そして北朝鮮の危機を口実に、突然の「国難突破解散」を行い、一気に改憲への動きを加速しようとした。二〇一五年の戦争法としての「安保法制」に反対する市民の運動によって形成された、野党の共同へむかう体制を分断しようとしたのである。

これに対して韓国のキャンドル革命によって、二〇一七年五月に大統領となった文在寅《ムンジェイン》は二〇一八年の平昌《ピョンチャン》オリンピックを、「朝鮮半島と東北アジアの平和と発展、寛容、理解の雰囲気を醸成するのに意味深い機会」にすると表明したのである。

そして平昌オリンピックを契機に、南北首脳会談を四月に行い、六月二四日米朝首脳会談がシンガポールで開催された。こうした状況の中で日本の安倍晋三首相は、米朝首脳会談で「拉致問題」の解決を議論することを求め、二〇一九年にかけて韓国の文在寅政権との対立を深めていった。

こうした政治状況の中で、「朝鮮戦争」勃発七〇年の時点において、この戦争から現在に至る歴史過程をとらえ直すのが本書の課題である。『朝鮮戦争全史』(岩波書店)の著者和田春樹氏と、『戦後史の正体』(創元社)の著者孫崎享氏にご執筆をお願いし、あわせて行った鼎談で本書は構成されている。新しい東アジアの平和を構築することに少しでも貢献できることを願って。

(小森陽一)

# 朝鮮戦争70年

「新アジア戦争」時代を越えて

もくじ

## 第三章 日韓関係と安倍晋三長期政権
### ——植民地支配と侵略戦争の歴史的責任〈小森 陽一〉—— 101

## 第四章　朝鮮戦争70周年、アジアと日本の安全保障　135

鼎談〈和田春樹／孫崎享／小森陽一〉



装丁　加門啓子

# 第一章　東北アジアと朝鮮半島に平和体制をつくる

和田　春樹

## 1　東アジアの戦争体制——朝鮮戦争と日米安保・サンフランシスコ体制

日本の対アジア五〇年戦争が終わったあと、東アジア、東北アジアでは四つの深刻な戦争がつぎつぎに起こった。中国戦争、インドシナ戦争、朝鮮戦争、ベトナム戦争である。このうち第一、第二と第四の戦争は勝敗の結果がはっきりし、戦争の終わりも明らかであるが、第三の朝鮮戦争だけは勝者も敗者もなく、引き分けに終わり、戦争の一時停止状態が以後六五年以上つづいている。その結果、東北アジアの現在はなお朝鮮戦争の延長線上にあるのである。

このように見るということは、一九四五年以後の東アジアの事態をヨーロッパと同じ「冷戦」、

a long peace の風景として眺めることに反対するということである。われわれがそのときも今も対面しているのは「米ソ冷戦」というよりは「新アジア戦争」なのである。

朝鮮戦争は一九五〇年六月二五日にはじまった。日本の植民地支配から解放された朝鮮は米ソ両軍により分割占領された。その結果、一九四八年にそれぞれの占領地区に自らが朝鮮半島唯一の正統国家だと主張する二つの国家、反共の大韓民国と親共の朝鮮民主主義人民共和国が誕生した。この二つの朝鮮国家の出現は、単に三八度線の南と北に国家が生まれたというのではなく、全朝鮮を領土とする国家であることを主張し、相手を自らの領土の一部に盤踞《ばんきょ》する外国の傀儡《かいらい》であるとみる国家が二つ、対抗的にできたということなのである。

一九四八年七月一二日に制憲国会で採択された大韓民国憲法はその第三条において「大韓民国の領土は、韓半島及びその付属島嶼《とうしょ》とする」と定めていた。そして一二月一二日、第一国会の開会式で、李承晩《イスンマン》大統領は「われわれは国連と協議し、以北で自由選挙を進行し、一〇〇名内外の以北議員を選出し、国会の空席を補充するように

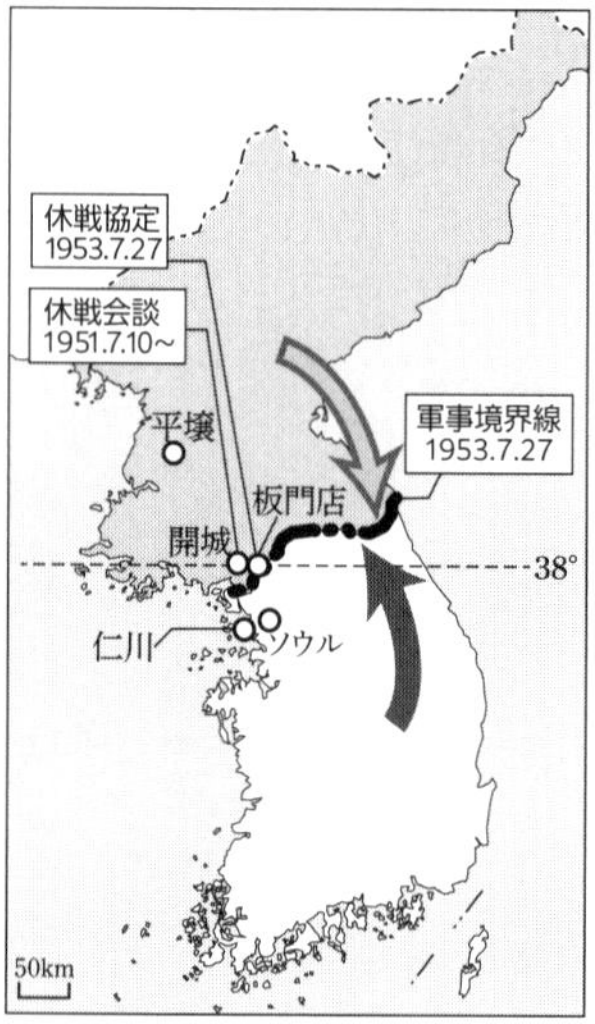


3 1953.7.27 現在

する」との方針を明らかにした。他方で四八年九月八日に朝鮮最高人民会議で採択された朝鮮民主主義人民共和国憲法はその第一〇三条において「朝鮮民主主義人民共和国の首府はソウルである」と定めていた。そして九月一〇日に金日成《キムイルソン》首相は同共和国政綱を発表し、その第一項で次のように宣言した。「中央政府は全朝鮮人民を政府の周囲にしっかりと団結させ、もって統一された民主主義自主独立国家を急速に建設するために全力をつくすのであり、国土完整と祖国統一を保障するもっとも切迫した条件として両軍同時撤退に関するソ連政府の提案を実践させるために全力をつくすつもりである。」

ここに必然的に生まれるのは、あらゆる手段をもって相手国家を除去するという

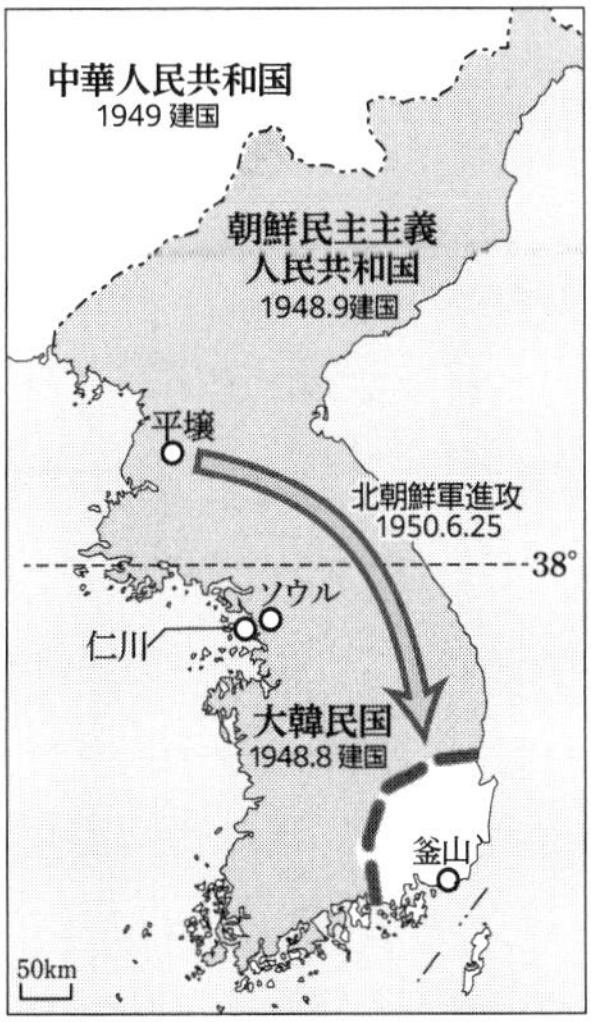


1 1950.9.14 現在

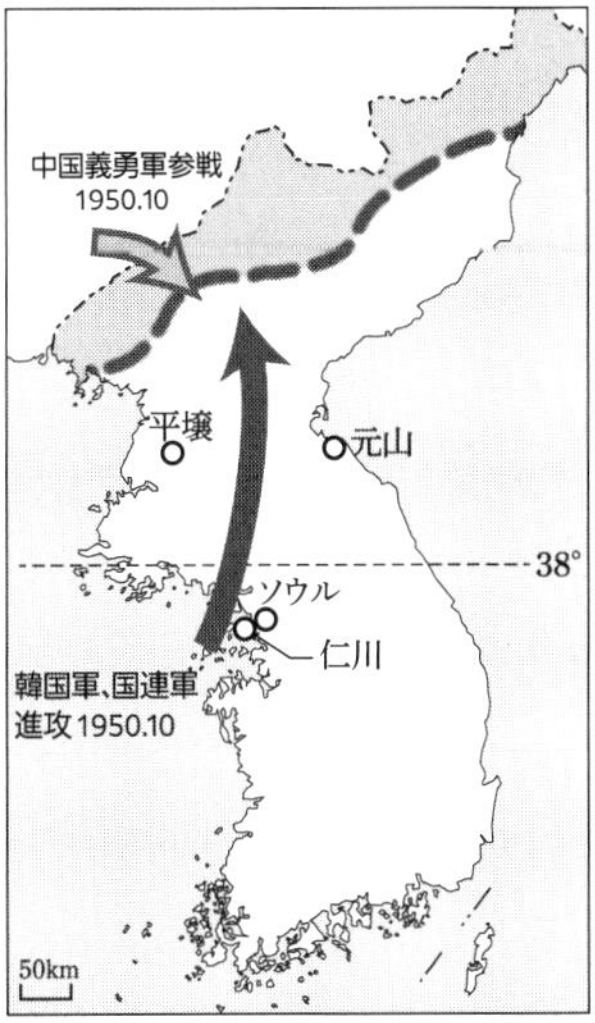


2 1950.11.26 現在

武力統一の志向である。それが北にも南にも存在した。その目標は、北朝鮮側では当初から「国土完整」と表現されたが、南韓側の「北進統一」「北伐統一」という表現はすこし遅れて現れる。「完整」も「北伐」も明らかに中国語であり、革命と戦争が一体化した中国の歴史的経験を前提にした考え方を表している。二つの朝鮮は中国の道、戦争、建国の道を歩もうとしていた。

ともに武力統一により国家建設を完成させたいと望んでいた二つの国家は、宗主国であり庇護者であるソ連と米国にその願いを伝え、承認と援助を早くから求めていた。南韓の大統領李承晩が米陸軍長官ロイヤルに北進の意志を伝えた最初は一九四九年二月八日のことであった。北朝鮮の首相金日成、外相朴憲永《パクホニョン》がスターリンに全土武力解放の意志を伝えたのは、同年三月七日の会談の折りであった。ロイヤルもスターリンも言下に支持をあたえることを拒否した。米国もソ連も合意によって分割占領した半島で統一のための戦争を起こすのを認めることはできなかったのである。

ただソ連の側は北朝鮮に戦車をふくめ兵器装備の援助はあたえた。北の指導者はこの年のうちにさらに二度、八月と九月にくりかえし武力統一の希望を述べ、かさねて承認と支持をもとめた。これに対してソ連は共産党中央委員会政治局の九月二四日決議をもって、拒否、不承認を回答した。他方、南韓の李承晩は公然と武力統一の希望を表明し、米国に圧力を加えた。九月三〇日には外人記者との会見で語り、一〇月三一日には米海軍巡洋艦上で語った。米国は大使のレベルで拒否しつづけた。李承晩を信用できない米国はついに韓国に戦車はあたえなかった。

この間米国とソ連は朝鮮からの占領軍の撤退を完了した。ソ連は一九四九年九月には原爆保有を発表した。一〇月には中国戦争がおわり、毛沢東は天安門の楼上で革命、戦争の勝利、中華人民共和国の成立を宣言した。一九五〇年一月一二日アチソン米国務長官がナショナル・プレスクラブで演説し、米国の「不後退防衛線」の内側に入るのは日本本土、沖縄、フィリピンであり、韓国と台湾はこの線の外に置かれることを明らかにしたのである。

五日後、金日成はソ連大使に向かって、中国革命の勝利のあとは、自分たちの番であるとし、武力解放の許可をもとめるため、訪ソしたいと申し入れた。この希望に対して、スターリンは一月三〇日、前向きに態度を変え、この件で相談するために訪ソすることを許すとの回答を送った。金日成と朴憲永は訪ソして、四月一〇日スターリンと会い、武力解放への支持を得た。しかしスターリンは、毛沢東と会談して、合意するように指示した。二人は五月一三日に北京で毛沢東と会って、要望する。毛沢東はおどろき、スターリンに問い合わせた上で、承認を与えた。そのさい毛は、アメリカの参戦があるかと問い、金日成がその可能性は小さいと述べると、米国が参戦すれば、中国は自分の軍隊を派遣すると述べたのである。

ソ連の全面支援と中国の承認をとりつけた北朝鮮は一九五〇年六月二五日、三八度線を越えて戦争を開始した。三八度線の近くに演習名目で七個師団と第１０５戦車旅団を進出させておいて、六月二三日に命令を出し、六月二五日午前四時に一斉に攻撃を開始させたのである。このとき韓国国軍は三八度線前線には四個師団しか配置しておらず、戦車は一台ももっていなかった。

日曜日朝不意を打たれた韓国国軍は混乱に陥り、北人民軍は破竹の勢いで進軍し、ソウルに迫った。このとき、六月二五日正午、米大使ムチオに向かって、李承晩大統領は次のように語った。

「彼は、自分は朝鮮を第二のサラエヴォにすることを回避しようと努力してきた、しかし、あるいは、現在の危機は朝鮮問題の一挙、全面解決のための最善の機会を与えているのかもしれないと言った。彼は、米国の世論が共産主義の侵略に対して日増しに強くなっていると言及した。」

開戦は、朝鮮を「第二のサラエヴォ」にし、局地戦争を世界戦争にいたらせる。その中で韓国軍の北進統一が可能になる。だからこそ、「朝鮮問題の一挙、全面解決のための最善の機会」なのだというのである。北伐統一案を米国に厳しく抑えられていた李大統領にとって、北の南侵は次に南の北進を実行する条件だと見られたのである。

朝鮮人民軍は開戦三日後にソウルを占領した。米国は、北朝鮮を侵略者として、国連加盟国にこの侵略阻止への協力をよびかける安保理決議を採択させ、急遽日本を占領していた米軍から三個師団を韓国に投入した。しかし、北人民軍はこの三個師団も押しつぶして、八月後半には釜山を目前とする洛東江辺にまで進出した（略図1）。かつて芥川賞の候補にもなったことのある作家金《キム》史《サ》良《リャン》は人民軍に従軍していて、馬山を指呼の間にみる高地の上から「海が見える。まさにこれが南海の海だ」と書き送っている。統一の勝利は目前と見ていたのだろう。しかし、日本から飛来する米空軍B29の猛烈な爆撃は次第に効果をあげ、のびきった北朝鮮軍の補給線は寸断された。北朝鮮軍はついに米韓軍の最終防衛線を突破できず、後退をはじめた。九月一五日、神戸と横浜から発進した海兵隊、陸軍第7師団の部隊は日本人船員によって運ばれ、仁川上陸作戦を敢行した。この作戦は北人民軍に壊滅的打撃を与えた。人民軍は大混乱のうちに北へ逃げ帰ることになった。

ここで李承晩大統領が夢にみた韓国国軍の北伐統一がはじまる。国連軍も、一〇月七日の新国連総会決議のもとに北進する。韓国軍は先行し、平壌に向かった。米韓軍は一〇月二〇日平壌を陥落させた。韓国軍の最前衛は鴨緑江をのぞむ楚山に二三日に到達した。韓国側からする武力統一の夢は実現目前とみえた。しかし、ここで中国人民志願軍が一〇月一九日より一週間のうちに二六万人が参戦する。兵力はさらに増強され、一一月二〇日には三八万人に達した。米韓軍はたまらず敗走することになった（略図2）。

日本の植民地支配から解放された朝鮮半島で、武力によって分断状態を克服し、統一民族国家をつくろうとする試みは、はじめ北朝鮮から試みられて失敗し、ついで南韓から実施されて、失敗した。そして朝鮮の内戦は、朝鮮半島における米中戦争、革命中国と米国との戦闘に転化したのである。南側ではすでに韓国軍は国連軍に編入され、マッカーサー司令官の指揮下で戦っていたが、北側でもこのときから中朝聯合司令部が生まれ、朝鮮人民軍も聯合司令官彭徳懐の指揮下で戦うことになった。中朝軍は一九五一年一月四日にソウルを再占領するなどしたが、短時日のうちに再撤退せざるをえなかった。戦線が安定した段階で、一九五一年六月停戦会談がはじまった。以後は停戦会談をしながら戦争するということになったのである。

ここで、日本との講和会議の開催が実現し、一九五一年九月八日、サンフランシスコ条約が調印された。日本との戦争の主力であった中国は会議に呼ばれず、最後に参戦して日本降伏に貢献したソ連は条約に調印しなかった。日本の植民地であった朝鮮は南も北も呼ばれなかった。この講和は朝鮮戦争を戦う米国側、国連側の中だけで、日本との戦争を終結させたものであった。翌九日、ダレス国務長官と吉田茂首相は二人だけで日米安保条約に調印する。これは朝鮮戦争のもとで出来上がっていた戦争遂行の国家関係を条約を通じて固定化し、一個の超国家的な体制の中に位置づけたものであった。北朝鮮と共産中国そしてソ連を敵として、韓国で米軍と韓国軍が前衛軍をなし、日本には米軍司令部と米軍主力の基地、飛行場がある。日本は米軍の命令に従って、あらゆる支援活動をおこなうが、武力組織を戦闘行動に参加させることはしない。平和国家でありつづけながら、国土は米軍の基地と化している。

これがサンフランシスコ体制である。この体制は一つの戦争を基本的に終わらせた上で、現在と将来の戦争のために、日本の地位を決定したと言うことができる。

米国は朝鮮戦争中に何度も原子爆弾を使用することを考えた。中国と北朝鮮はそのことをいわば覚悟しながら戦争をしていたのである。米国の研究者ブルース・カミングスによれば、マッカーサーは開戦二週間後の七月九日、はやくも統合参謀本部に原爆使用を検討するように求めたが、その時点では原爆使用は認められなかった。しかし、中国軍が参戦し、米韓軍が北朝鮮から逃げ帰ったあとは、米軍、米国政府の中で原爆の使用が議論されていることは隠されなかった。そこで驚いた英国政府が一九五〇年一二月英国との合意なき原爆使用は許されないと強硬な申し入れをおこない、合意による使用を再確認させたのである。しかし、これで原爆使用の主張が消えるわけではない。実は米国は一九五一年四月に原爆使用にもっとも近づいていたのだとカミングスは主張している。四月五日、統合参謀本部は、もしも中国が大量の新兵力を投入するか、中国領から発進する爆撃機が米軍に対し空爆をおこなうなら、満州の基地に対する原爆による報復をただちに行えと命令した。トルーマン大統領も対応する命令をだした。原爆は軍にひきわたされ、投下する空軍部隊はグアムに移動した。しかし、四月二二日からはじまった中国軍の第五次戦役は米軍を南朝鮮から追い出すほどの作戦にならず、国連軍が原爆使用に向かう必要がないままに終わったのである。最後に戦術的核兵器の使用が論議されたのは、一九五三年一月アイゼンハワー新大統領が就任したときで、開城地区で使用することなどがくりかえし議論されたが、結局使用することにはならなかった。

戦争は停戦会談をしながら二年以上もつづいたのだが、そのように長引いた理由の第一は、捕虜の引き渡しについて、長く合意が生まれなかったためである。ジュネーヴ協約一一八条の規定では捕虜はすみやかに送還されねばならないとされていたが、その常識が、降伏して協力者となった捕虜を共産側に送り返したくないというトルーマンの意向に押しのけられた。一九五二年一月二日にいたって、国連軍側は、希望者のみを一対一で交換するという原則をもちだし、中朝側によってただちにジュネーヴ協約違反だと拒否された。この点が長く対立点となった。収容所の中では中国兵捕虜に対して台湾が送り込んだ要員が北京にもどるなとの説得、脅迫工作をおこなったことが知られている。

この点での共産側の抵抗をくじくつもりで、新任のクラーク国連軍司令官は、一九五二年六月から北朝鮮の水豊ダムなどの水力発電施設や平壌に対して猛烈な爆撃をくわえた。その中で金日成は捕虜問題での米国側の主張を受け入れて、早期停戦に向かいたいと言い出したため、毛沢東に叱りつけられた。中国はあくまでも米側の主張をうけいれなかった。

今一つの長引きの原因は韓国李承晩大統領の反発であった。李は統一を達成せずに停戦会談をはじめ、妥結して、戦争をおわらせることに反対した。停戦会談開始の時点で、一九五一年七月二〇日に李大統領はリッジウェー司令官へ手紙を送った。

「わが政府の立場の根幹は、国民をわが国土の半分で維持することはできないということである。分断された朝鮮は破滅の朝鮮であり、経済的、政治的、かつ軍事的に不安定である。……朝鮮国民は単純にして、死活的な再統一原則をもって生きなければならない、ということがわれわれにははっきりしている。朝鮮は実際独立した実体であるのをやめるか、それともすべて民主主義的になるか、すべて共産主義的になるかにかかわらず、単一体であるか、どちらかをとらねばならない。」

この気分は当然に朴憲永と金日成も共有している。だが金日成は米国の猛爆をやめさせたいと願った。一九五三年三月スターリンが死んだあと、中朝側の態度が変化すると、李は猛烈に停戦合意に抵抗を示した。その最大の実力行使が停戦合意の一か月前の六月一七日、釜山、馬山など四か所の捕虜収容所から朝鮮人捕虜二万五〇〇〇人を一方的に釈放したことである。米国、米軍側はいくどとなく李を打倒するクーデター計画を立案準備したのであった。だが、李が停戦に抵抗して米国側と協議したときの重要な議題は米韓相互防衛条約の締結であった。特徴的なことは、この段階にいたっても、米国はこの条約を結んで、韓国を死守するという決意をかためていなかったことであった。アイゼンハワー大統領が条約締結を決断したのは、一九五三年六月六日のことであった。

一九五三年七月二七日停戦協定が調印された（略図3）。板門店で調印したのは国連軍代表のハリソンと中朝軍代表南日《ナムイル》であった。この日の午後クラーク国連軍司令官が汶山《ムンサン》で署名し、午後一〇時金日成朝鮮人民軍司令官が平壌で署名した。このとき停戦が発効し、戦闘行動は停止された。翌二八日朝彭徳懐中国人民志願軍司令官が署名した。韓国軍は国連軍の指揮下にあったので、その司令官の署名は不要だった。共産側は二人が署名したのは、中朝聯合司令部の存在はあくまでも対外秘とされていたためである。

停戦協定の規定によれば、停戦後すみやかに政治会談をひらき、統一のための方策、外国軍隊の撤退についての合意をふくむ平和の取り決めをつくることになっていた。一九五四年四月から六月にかけてジュネーヴ会議が開かれたが、成果なしにおわった。南韓代表はまず北朝鮮だけで自由選挙をおこなうことを要求した。米国がこれを支持した。北朝鮮代表は朝鮮全土で選挙をおこなうことを提案したが、選挙への国連の関与は拒絶した。ソ連中国がこれを支持した。第二ラウンドで、南韓代表は全土での選挙を受け入れたが、国連の監視下でこれをおこない、中国軍は選挙一か月前に撤退することを条件とした。北朝鮮、中国、ソ連はこれを拒否したのである。これによって政治会談は終わってしまい、停戦協定体制が無限につづくことになった。北からは中国人民志願軍が一九五八年までに完全に撤退したが、南には一九五三年八月八日に締結された米韓相互安全保障条約によって米軍が無限にとどまった。韓朝の対立、米朝の軍事的対峙がつづいた。

## 2 東北アジア情勢の変化と持続する米朝対峙

ベトナム民主共和国と帰ってきたフランス帝国軍とが戦ったインドシナ戦争は後者の敗北に終わり、停戦と統一選挙を定めた協定が五四年七月二〇日ジュネーヴで結ばれた。朝鮮戦争がはじまるとともに、インドシナ戦争にも共産勢力阻止の観点から関与の意欲を示した米国は、こんどはフランスが最終的に引き下がったベトナム南部を共産主義者から防衛確保するつもりで、介入を強めた。これに対抗して南ベトナム解放民族戦線が一九六〇年に結成され、ゲリラ闘争を開始した。ついに一九六五年、米国は南ベトナムに兵をおくり、北ベトナムには爆撃を加えることによって、ベトナム戦争を本格的に開始した。

米国はその戦争に韓国軍五万を引き入れた。サンフランシスコ条約でつくられた体制はそのまこの戦争遂行のために振り向けられ、有効に機能した。日本と沖縄はふたたび戦争する米軍の戦略補給医療休養基地となった。北朝鮮は強く反発し、朝鮮内に第二戦線をつくり出そうとして、一九六八年初めには武装ゲリラ隊をソウルに送り込んだ。韓国大統領府を襲撃させんとした作戦だが、完全に失敗した。しかし、元山沖では米海軍の情報収集艦プエブロ号を拿捕《だほ》することに成功した。北朝鮮は空軍パイロットをベトナムにおくり、北ベトナムの戦闘機に乗り込ませ、米空軍と戦わせた。その意味ではベトナム戦争は朝鮮戦争の拡大だと言うことができる。

しかし、その本質において、この戦争はいかなる大義もない、非道な侵略戦争であった。だからこの戦争に反対する人々の運動はまず米国内から立ち上がり、全世界に広がった。反戦運動は米軍解体の運動にまで高まった。この結果、米国はベトナム戦争に敗北した。一九七五年四月三〇日、米国はサイゴンから敗走したのである。

そのことが最終的にはっきりする前に、中国と米国は動き、一九七二年のニクソン訪中で朝鮮戦争での引き分けを確認し、和解した。国連軍一六か国のうち、英国は朝鮮戦争前から中華人民共和国と国交をもっていたが、米国など一四か国と中国は一九七三年以来急速に国交樹立し、のこった韓国とも一九九二年に国交を樹立した。一六か国にとって、中国はもはや朝鮮戦争の敵ではなくなったのである。しかし、韓朝の対立、米朝の対峙はのこり、一層悪化していた。

一九八七年、ソ連でのペレストロイカが本格的にはじまり、米ソ冷戦が終わった。東欧ソ連の国家社会主義体制は解体していった。北朝鮮は一九九〇年一月にソ連から韓国との国交樹立の意向を通告された。いまやソ連からの経済的優遇措置を失い、核の傘も失った北朝鮮は完全な孤立と経済的な苦境に陥った。

このとき、北朝鮮の指導者はこの窮地を脱するために三つのオプションを考えたと私は見ている。第一のオプションは、ソ連の核の傘が失われたので、米国の核兵器に対峙するのに、自前の核兵器をもつということである。一九九〇年九月に訪朝したソ連のシェヴァルナッゼ外相に金《キム》永南《ヨンナム》外相が覚書を渡し、朝ソ同盟条約が「有名無実」になるのであれば、「我々はこれまでの同盟関係に依拠していた若干の兵器を自らのために調達するための方策を立てざるをえなくなるであろう」と伝えた（朝日新聞、一九九一年一月一日）。第二のオプションは、日本との国交樹立であった。賠償であれ、経済協力であれ、日本から新しい資金と技術をえて、経済の発展をはかるという考えもあったであろう。一九九〇年九月金丸・田辺訪朝団が平壌に来て、自民党元副総裁の金丸信氏が植民地支配に対する反省謝罪を表明したのをとらえて、金日成は三党共同声明を出し、日朝国交交渉開始に道をひらいたのである。第三のオプションは、韓国との国家的な共存を認めることであった。このことは一九九一年、南北の国連同時加盟で実現されたと考えられる。

しかし、問題は、第一のオプションは米国の強い反発をまねいたということであり、さらに第一のオプションと第二、第三のオプションが矛盾したということであった。米国は北朝鮮の核開発、核武装に強く反対し、そのような北朝鮮と日本が国交交渉をおこなうことにも反対した。日朝国交交渉は、一九九一年一月に開始されたが、一九九二年一一月の第八回会談で決裂した。決裂に当たっては、拉致された日本人女性の問題を日本代表が問いただしたことに北朝鮮側が反発したということと、北朝鮮がＩＡＥＡ（国際原子力機関）の査察をうけることを会談継続の条件として日本代表が迫ったことが影響したと考えられる。

日朝会談は以後八年間決裂状態であった。一九九〇年にようやく再開されたが、三回会談しただけで、またも中断してしまった。この間、北朝鮮の核開発についても、米国との間で、さまざまな衝突、交渉がくりかえされていた。第二オプションが実らないもとでは、北朝鮮はますます第一オプションにしがみついていく傾向をみせたのである。

そのようなとき、二〇〇二年九月になされた小泉首相の訪朝と日朝首脳会談、そして日朝平壌宣言の合意発表は驚くべき前進であった。これは、アメリカに秘密にし、首相官邸と外務省内の反対派にも秘密にしてつづけられた日本外交必死の努力の成果であった。しかし、これほどの前進も、日本の国内での反対派のキャンペーンと米国の介入と、官邸内反対派による画策により阻止された。日本の中では拉致被害者支援全国協議会の幹部たち、佐藤勝巳、西岡力ら、日朝国交反対派が国民的な反北朝鮮感情を扇動した。ケリー国務次官補を早々に北朝鮮に派遣して北のウラン濃縮作業を暴露した米国の工作の影響もあり、日本政府は国交交渉を一回しかおこなえなかったのである。二〇〇二年の年末にも、佐藤氏たちは公然と北朝鮮のような軍事独裁政権を崩壊させてこそ拉致問題は解決すると主張した。驚くべき転回であった。

それでも小泉首相は二〇〇四年には再訪朝をおこない、今一度日朝交渉を再開せんとした。このときの核問題での金正日発言を引き出したのは、評価されていい。金正日《キムジョンイル》は次のように述べた。

「われわれの生存権のために核をもつようになったのである。生存権が保障されるのであれば、核は無用の長物である。」「アメリカは自分たちのしていることを棚にあげ、先に核放棄せよと主張しているが、言語同断である。核の完全放棄は敗戦国に対して強要するものだ。しかし、われわれはアメリカの敗戦国ではない。」「われわれは六者協議を通じて、アメリカとの二重唱を歌いたいと考えている。われわれはのどがかれるまでアメリカと歌を歌う考えである。その成功のために周辺国によるオーケストラの伴奏をお願いしたい。伴奏がすばらしければ、二重唱は一層よくなる。」

しかし、小泉首相は二度目の首脳会談を生かして、日朝交渉を進めることができなかった。二〇〇五年安倍晋三氏を政府の官房長官に選んだことは小泉首相の敗北を表していた。

## 3　日朝・日韓対立と安倍政権

一九九〇年からはじまった日朝国交交渉がながく決裂状態にあったのを画期的に打開したのが

二〇〇二年の小泉訪朝であったが、それがまたもや決裂状態においこまれ、二度目の小泉訪朝も交渉の前進を生まずに終わったあと、二〇〇六年に出現したのが安倍晋三政権であった。

安倍晋三氏は一九五四年生まれの、戦争も植民地支配も知らない世代から出た最初の日本国首相である。祖父は安倍寛と岸信介、父は安倍晋太郎、母は岸首相の娘である。成蹊大学卒業後渡米し、語学学校と南カリフォルニア大学で二年をすごし、帰国して、三年間サラリーマンとして働いたあと、父晋太郎外相の秘書となった。一九九一年父が死亡するとともに一九九三年、後継者として衆議院議員となった。当時自民党は野党であり、安倍氏の議員生活は野党議員としてはじまったのである。

安倍氏の政治活動の原点は、一九九七年に中川昭一氏と組んでつくった「日本の前途と歴史教育を考える若手議員の会」の事務局長となったところにある。この会は、河野談話に反対し、慰安婦問題を否定し、この問題を歴史教科書に記載することに反対する会であった。この会に、菅、衛藤、下村、新藤、古屋、高市氏ら、今日の安倍派の中心幹部たちが結集したことが確認できる。

この会は党内の若手少数派の会でしかなかったが、この会での活動を認められて、安倍氏は小泉派から二〇〇〇年に官房副長官に送り出され、森、小泉両内閣で働いた。この間拉致問題について強硬な発言、外務省批判で評判となるにいたった。このため、二〇〇二年の小泉首相の訪朝にいたる田中均外務省局長主導の秘密交渉からは完全に排除されていた。安倍氏が小泉訪朝について知ったのは、そのことが国民に発表される日の朝のことだった。方針の討議から排除され、ただ首相外遊の随行員として平壌に行かされた安倍氏の心には終生消えざる屈辱感がのこり、トラウマとなったと考えられる。

だが小泉訪朝に対する批判的な意見が、日本の国内からも、米国政府からも高まると、安倍氏は、拉致被害者の家族や運動団体の支持を集め、政治的な力を得るようになった。そして小泉首相は安倍氏をさらに引き立てて、ついに総裁、首相の後継者に指名するにいたったのである。

二〇〇六年九月二六日、安倍氏が首相となった。安倍内閣は拉致問題解決内閣と称するのがふさわしいだろう。安倍首相は拉致問題こそ日本の最重要課題であると宣言し、自らの内閣あげて、この問題の解決にあたるとした。そこで彼が出した主張は三原則にまとめられる。

第一原則　拉致問題はわが国の最重要課題である。

第二原則　拉致問題の解決なくして、国交正常化なし。

第三原則　拉致被害者は全員生きている。即時全員を帰国させよ。

この三原則は、一三人を拉致した、うち八人は既に死亡した、五人は生存しているとして、五人とその家族が日本にもどることを認めた北朝鮮政府の立場を否定するものである。北朝鮮は嘘をついていると非難する、北朝鮮と交渉をするのではなく、最後通牒的に要求をつきつけるという姿勢である。安倍首相はこの原則のもと、要求貫徹のため、内閣挙げて拉致問題対策本部となった。本部長は安倍首相、副本部長は塩崎官房長官である。安倍政権の拉致問題政策は、北朝鮮政府は相手にせず、徹底的に圧力を加えて、崩壊に追い込む、そうすれば、拉致問題の真実があきらかになる、解決がえられるというものであった。日朝交渉は最終的に断絶された。

この直後、二〇〇六年一〇月九日、北朝鮮はついに第一回核実験をおこなった。安倍内閣はただちに北朝鮮からの輸入を禁止する制裁を科した。安倍首相の外交政策は行き詰まり、身体的にも職に留まれない様子になったので、安倍氏は二〇〇七年九月に首相の座を投げ出した。次の首相になった福田康夫氏は「圧力」ではなく、「対話」を、と主張して、安倍氏の北朝鮮政策を止めるように努力したが、北朝鮮と折角結んだ合意も実行しないままに、辞職してしまった。続く麻生内閣が安倍政治に戻したのは当然であるが、つづいて二〇〇九年に起こった政権交代、民主党政権の誕生のあと、安倍氏の拉致三原則、北朝鮮政策が日本の国策として定着するにいたるという驚愕すべき事態を迎えたのである。

安倍氏は民主党政権が自滅するのに乗じて、自民党総裁にカムバックし、二〇一二年第二次政権をつくるにいたった。米国の指導者もブッシュからオバマに代わり、北朝鮮でも金正日が二〇一一年に死んで、金正恩《キムジョンウン》があとをついでいた。

安倍氏は二度目に総裁選に立つにあたっては、慰安婦問題の河野談話を修正したいと意欲を燃やしていた。それで、この点を警戒した米国のメディア、オバマ政府、韓国の議会からの批判は早々にはじまった。しかし、韓国の大統領に朴槿恵《パククネ》氏が就任した二〇一三年二月以降は、慰安婦問題の解決を求める韓国政府と安倍首相とは正面対決することになった。慰安婦問題の解決を考えないのなら日韓首脳会談はおこなわないという朴大統領の方針が伝わると、安倍政権の意をうけているのかどうかは知り得ないが、日本の大出版社の出す週刊誌が朴槿恵大統領に対する個人攻撃のキャンペーンをこの年年末には幾週間も連続して展開した。それは恐ろしい情景であった。日韓関係があのときほど対立的になったことはそれまでになかったと思う。

この状況を憂慮して動いたのは米国政府、オバマ大統領であった。二〇一四年二月、オバマが直接介入して、ハーグで米韓日三国首脳会談が開かれ、安倍首相は態度を修正せざるをえなくなった。三月一四日安倍首相は、国会で河野談話の継承を明言した。

不思議なことに、この春には、日朝関係においても画期的な前進があった。民主党政権の末期から人々が努力していたことが実ったものと考えられる。一四年一月ハノイで外務省関係者が北朝鮮との秘密交渉をはじめ、三月にはウランバートルで横田夫妻と孫娘キム・ウンギョン一家との対面が実現した。そして、五月になると、ストックホルムでの伊原アジア太平洋州局長がおこなった日朝交渉から重要な合意が生まれるにいたったのである。合意の内容は、在朝日本人に関して悉皆《しっかい》調査をおこなうこと、北が調査を開始すれば、独自制裁の一部を解除し、調査が終わって、問題が解決すれば、日本は独自制裁を全面的に解除すること、そして国交正常化へ進むことというめざましいものであった。七月四日には北の調査委員会が活動を開始した。安倍首相がこのような政策転換を認めて、やらせたのはなぜなのか、明らかになっていないが、韓国との関係の極端な悪化のあとで気分をかえようとしたのかもしれないと私は考えている。

まさにこのような対外関係の正常化と並行して、安倍内閣は七月一日集団的自衛権の行使を可能にする閣議決定を出し、安保法制の立案を本格的に進めていった。

結局のところ、安倍政権は二〇一四年末には慰安婦問題の秘密交渉をはじめざるをえなくなっていた。秘密交渉は李丙琪《イビョンギ》氏と谷内正太郎国家安全保障局長の間ではじまった。一五年四月安倍首相は訪米し、オバマ大統領と会って、慰安婦問題の解決を最終的に約束したようだった。

だが、もとより安倍首相にはこのような成り行きは不快であったのだろう。二〇一五年の外交青書の韓国についての記述から、前年まであった「自由と民主主義、基本的人権などの基本的な価値と利益を共有する」という文章が抹消されたのは、おそらく韓国に対する反感を抑えがたい首相の意向からだと推測される。

一五年春には北朝鮮との関係も険悪化した。日本側はこのときまでに北調査委員会が出した拉致被害者全員死亡の調査報告の受け取りを拒否していたのである。拉致三原則が変わらずに維持されている以上、安倍首相は全員死亡という報告は受け取ることができないのである。結局この年七月にはストックホルム合意は何も生まずに流れてしまうことになった。

いま一つの問題は戦後七〇年の安倍談話である。新しい談話を準備するのは、安保法制の推進と同じ体制ですすめられた。安倍首相の歴史認識をアメリカにも認められるように、戦後日本の基本認識の中にひきもどす作業がおこなわれた。一五年二月に北岡伸一座長代理のもと、二一世紀構想懇談会が設置された。北岡氏は中国侵略を反省するのは当然だと公言した。七月一七日には大沼保昭氏と三谷太一郎氏が主導した学者有志の声明も出された。こちらは植民地支配への反省を述べているが、基本線は、二一世紀構想懇談会の結論と同じ、満州事変以後の戦争を否定するところに置かれていた。安倍首相談話はこの線にそろえられた。しかし、一五年八月一四日に出た戦後七〇年首相談話は、冒頭日露戦争は「植民地支配のもとにあった、アジア・アフリカの人々を勇気づけた」とはじまっていた。韓国併合、朝鮮植民地支配に対する反省はしないという態度を安倍氏はここで示したのである。

慰安婦問題については、安倍首相はついに朴槿恵大統領の要求をうけいれることになった。二〇一五年一一月ソウルで日中韓三国首脳会談がひらかれる折、日韓首脳会談がついにひらかれ、李丙琪、谷内両秘密交渉代表も同席する中で、慰安婦問題解決が約束された。そして一二月二八日ソウルで外相会談が開かれ、そのあとの記者会見で突然日韓合意が発表されるにいたった。安倍首相は、政府の責任をみとめて、謝罪し、慰安婦被害者の名誉回復と傷の治癒のため国庫から一〇億円を差し出すことになった。請求権協定の規定があるという理由で、これまでの日本の首相は踏み切れなかった措置であった。しかし、これは強いられた謝罪であり、安倍氏の屈辱感は深いものであったと考えられる。安倍氏を取り巻く右翼的な人々はくやし涙を流し、政治的な決断としてはやむをえないと自ら慰めていた。

いまになって考えると、安倍首相は、この措置に多くのとげをつけ、のみこんだ韓国側が出血するようにしたと考えられる。首相が謝罪したという記録をのこさず、「最終的解決」だと主張し、国際会議で慰安婦問題をもちだすなと韓国側をしばることもしたのである。少女像撤去の実現を重ねて要求した。のちに外務大臣が伝えた首相の謝罪の表明を手紙にして出してほしいという要望が韓国側から出ても、安倍首相は「毛頭考えていない」と国会で拒否することもした。

だから韓国の運動圏の諸団体が二〇一五年合意全体に強く反発したことは理解できないわけではない。しかし、キャンドル革命で打倒された朴槿恵大統領に代わって二〇一七年五月に登場した文在寅《ムンジェイン》大統領が運動圏の人々の主張におされ、二〇一五年合意を引き受ける責任を果たさなかったことは問題であったと考える。韓国国民はこれで問題が解決したと思っていない、新政権は再交渉はもとめない、韓国政府も一〇億円を支出する、治癒財団は解散させるということをばらばらに発表しただけだった。つまり、二〇一五年合意に対して責任をとるという態度がついに表明されなかったのである。この大統領の態度は、安倍首相のあらたな謝罪、一〇億円の国費の支出を支持した日本国民の反発を掻き立て、結果的に安倍首相支持の気持ちをつよめさせることになったと言わざるをえない。

## 4　米朝対立の激化と米朝戦争の影

米朝の対立が年とともに険悪になり、二〇一六年には新指導者のもとで、一月早々北朝鮮は第四回の核実験をおこない、これが水爆実験であると発表した。ミサイルの連射が猛烈な勢いで進められるようになった。安倍首相は二〇一六年三月安保法制を整備して、集団的自衛権行使の可能性を確保した。

米国と国連安全保障理事会の打ち出す制裁措置がつぎつぎに攻撃的になり、北朝鮮はミサイル試射の内容、テンポをますます高めていった。この年九月には第五回の核実験がおこなわれた。水爆実験だと発表された。二〇一七年に入って、三月一日から米韓合同演習がはじまると、北朝鮮は、三月六日、西海岸の東倉里《トンチャンニ》付近から中距離弾道ミサイル四発を同時に発射し、うち三発を日本の排他的経済水域（ＥＥＺ）内の同一地点に落下させた。秋田沖三〇〇キロのところである。翌七日、朝鮮中央通信は、このたびの発射は「不測の事態が起きた場合、日本に駐留する米国帝国主義者の敵軍部隊の基地を攻撃する任務にあたる」砲兵部隊によって実施されたと発表した。米国が北朝鮮を攻撃すれば、北朝鮮は在日米軍基地を攻撃すると宣言し、その攻撃を実施するミサイル部隊がすでに存在し、このたび発射演習をおこなったことを明らかにしたのである。

この時期、九月北朝鮮は六回目の核実験をおこない、水爆を小型弾頭にするための実験だと発表した。ミサイルの発射はＩＣＢＭ（大陸間弾道ミサイル）である火星15号の発射に至った。

二〇一七年一月に米新大統領トランプが登場すると、安倍首相はこの大統領に密着して、北朝鮮に対する制裁の極限化、軍事的威嚇の示威を協力推進した。当然ながら、その過程では、安倍首相は韓国文在寅大統領とも提携し、米日韓の三国軍事協力を進めている。二〇一六年版と二〇一七年版の外交青書の韓国についての記述には、「戦略的利益を共有する最も重要な隣国」

という表現が加えられたのである。

二〇一七年九月の北の第六回核実験のあと、九月一九日、トランプ大統領は、国連総会で、挑発をやめなければ、「北朝鮮を全的に破滅させる以外の選択肢はなくなる」と宣言した。二日後、同じ壇上で、安倍首相は、「対話による問題解決の試みは無に帰した」、「すべての選択肢をテーブルの上にのせている大統領の決断を支持する」と表明した。そして帰国後、安倍首相は、「国難突破解散」を断行した。その記者会見で「北朝鮮の脅威に対し、国民の命と平和な暮らしを守り抜く。この国難とも呼ぶべき問題を私は全身全霊を傾け、突破していく」と決意をのべた。危機の本質は説明せず、そこで日本はどうするかということも具体的に説明せず、総選挙をおこない、勝利すると、自分の対北朝鮮政策に国民の白紙委任をとりつけたつもりなのであろう。

だが、このとき、安倍首相は、自衛隊の制服組のトップに、米軍が北朝鮮に対して軍事作戦をとる場合、「安保法制の下で自衛隊がどう動くか」を検討準備させていたのである。当時の自衛隊統合幕僚長河野克俊氏が、ダンフォード統合参謀本部議長、ハリス太平洋軍司令官と常時連絡し、自衛隊の作戦を準備していたと、最近になって明らかにしている（『朝日』二〇一九年五月一七日）。これは単なる軍事官僚の「頭の体操」（佐藤外務政務次官、二〇二〇年一月二八日、TBS BSニュースショー）ではない、軍事行動の準備である。

一一月五日、トランプ大統領は日本、韓国を訪問し、横田基地で米軍兵士、自衛隊員二〇〇〇人を集め、「圧倒的な能力を行使する用意がある」と宣言した。安倍首相は翌日の首脳会談後の記者会見で、「日米が一〇〇％共にあることを力強く確認した」と表明した。トランプ大統領はつづけて、韓国を訪問し、国会の演壇から、北朝鮮は「地獄以下」、北の国民は「奴隷よりもわるい」と攻撃し、北政権に核開発政策の全面放棄、屈服を要求した。大統領が帰国したのち、日本海では米空母三隻が参加した米韓海軍合同演習がおこなわれた。これはありうべき米朝戦争を見通したぎりぎりの威嚇であった。これに対して、北朝鮮は一一月二九日ＩＣＢＭ火星15号を発射し、「核戦力完成の大業」を成就したと宣言した。日本海での米朝戦争の危機が最大限に高まった瞬間であった。

## 5　転換——米朝平和プロセスのはじまり

この米朝戦争の危機が頂点に高まっていく過程で、安倍首相と対照的な態度を示していたのは韓国の文在寅大統領だった。文大統領は八月一五日演説で「朝鮮半島では二度と戦争をおこしてはならない」と主張し、「大韓民国の同意なしにいかなる国も軍事行動をとると決定することはできない」と宣言した。その文大統領は危機の絶頂の中で米朝の間に入って、戦争を防ごうとしたとみえる。そのさい武器となったのが、一一月一三日の国連総会決議「スポーツとオリンピックの理想を通じて平和な、よりよい世界を建設する」であった。この決議は、「平昌２０１８

が東京２０２０、北京２０２２とつづく三連続のアジア開催オリンピック大会の最初のものであり」、「朝鮮半島と東北アジアにおいて平和、発展、寛容、理解の雰囲気を醸成するのに意味深い機会となるとの期待を表明する」と述べていた。この決議が国連事務総長や文大統領から金正恩氏のもとにおくられ、働きかけが功を奏することになったのだろう。

年末には米朝核戦争の光景をのぞきみた金正恩委員長は二〇一八年の新年の辞で、平昌オリンピック大会への参加を表明し、転換の意志を伝えた。平昌オリンピックに北朝鮮の代表が南北首脳会談の提案をもたらし、文大統領特使が訪朝して、金正恩委員長と面会し、南北首脳会談の開催が決定された。大統領特使は金委員長から米朝首脳会談の提案を聞き、ただちに米国に赴き、トランプ大統領に伝えると、大統領は承諾すると即答した。三月八日のことであった。

南北首脳会談は、四月に開催され、歴史的な板門店宣言が出された。米朝首脳会談は、おくれたが、六月二四日シンガポールで開催された。二人の首脳は、全世界の人々の眼前で米朝戦争の回避を誓約した。トランプ大統領は「朝鮮に安全の保証をあたえ」るとし、金正恩委員長は、「朝鮮半島の完全な非核化にむけた堅固で揺るぎない決心を再確認し」、共同声明を発表した。シンガポールでの米朝首脳会談は平和プロセスを開いたといえるだろう。

米朝交渉をはじめれば、まずこれが対等な者同士の、相互尊重の、対等な外交交渉のはじまりであることが確認されなければならない。テーブルの上からは制裁と威嚇の手段はひきさげられ、説得と互譲、対話と妥協が精神になるのである。協議をまとめる方式としては、六か国協議の二〇〇五年九月の合意に指摘されているものが最適である。「『約束対約束、行動対行動』の原則に従い」、「段階的に実施していくために、調整された措置をとる」というものだ。

米国は北朝鮮の核施設、ミサイル施設、核兵器、ＩＣＢＭを一つ一つ撤去ないし廃棄することをもとめていくのに対して、北朝鮮の方はその一つ一つの方策をとるのに見合う、信頼を示す措置、安全を保障する措置がとられることを要求するであろう。北朝鮮はまず制裁の緩和、部分的停止、全面的停止をもとめることは確実だが、核兵器の廃棄に見合っては、韓国と日本にかかる米国の核の傘の撤去をもとめるだろう。もっとも、北朝鮮から見れば、在韓米軍、在日米軍はまちがいなく核武装している米軍の一部である以上、これらの米軍の存在も論議の対象にのぼせてくることはまちがいないところだろう。

さらに北朝鮮の核兵器とミサイルは通常兵器の明らかなる劣位を補う手段であるので、米韓日の側のステルス戦闘機、無人機などをふくむ高度な兵器装備をそのままにしたままで、北の核とミサイルを廃棄させるのは不平等だという主張も出うる。

そういう主張が出てくれば、米国政府の議論も難しいかもしれないが、韓国や日本の中の議論もはげしく分裂し、大変な事態となりかねない。そのような国論の分裂を解決するためには、南北間の不可侵・共存・平和協力の体制が絶対的なものとして確立されることが必要になる。それはどうして可能になるのか。他方で米国が北朝鮮を攻撃しないという保証はどのようにして北朝鮮に与えられるか。米朝不可侵条約、米朝国交正常化があれば、十分なのか。

米朝平和プロセスは実に困難な交渉となるであろう。最初の首脳会談からすでに一年半が経過して、ようやく〝行動〟対〝行動〟の原則がみとめられ、最初の交渉がおこなわれたという段階に来た程度である。しかし、どんなに困難でも、どんなに時間がかかっても、この道を通るしかない。ほかの道はすべて戦争に通じているからである。

## 6　安倍政権の対朝・対韓政策の危機

米朝平和プロセスが困難であれば、関連する国々が参加し、助けなければならない。この点でもっとも努力しているのが韓国文在寅大統領である。しかし、いまは努力が足らないと、北朝鮮政府から韓国政府に文句がつけられている。韓国政府はできるかぎりの努力をしているが、日本の安倍政府が何もしていないのが最大の問題である。

二〇一九年三月八日、トランプ大統領が金正恩委員長の首脳会談提案をただちにOKしたことで安倍首相は強い衝撃をうけた。まず、文在寅大統領がトランプ・金氏の会談を仲介するという働きをしたことで衝撃をうけ、トランプ大統領が盟友たる自分に一言の相談もなく、首脳会談をおこなうと回答したことに、さらに衝撃をうけたのである。

安倍首相はこのニュースを聞くと、三月九日朝トランプ大統領と電話会談をおこない、「完全な、検証可能な、不可逆的非核化（ＣＶＩＤ）」に向けて、「最大限の圧力」をかける必要があると述べ、その上で、拉致問題の解決にむけての協力を要請した。

四月六日になると、訪米した安倍首相はトランプ大統領のもとを訪れ、「最大限の圧力をかけ続ける方針」を確認するとともに、首脳会談で拉致問題を提起することを要請した。

さらに米朝首脳会談の五日前、六月七日にも、再度訪米し、安倍首相は大統領に対して、北が非核化に向けた具体的行動をとるまでは制裁は解除しないとの方針を再確認し、首脳会談で拉致問題をとりあげることをまたも求めたのである。今度は、自分も拉致問題の解決のために、金委員長に会うつもりだ、と言い添えなければならなかった。実際には、日朝首脳会談は北朝鮮からすでに拒否されていたのである。五月六日の『労働新聞』は「旅支度をするまえには心をまず入れかえよ」という論説を掲げていた。

だから、米朝戦争を回避する平和プロセスの開始とともに安倍首相が拉致問題解決を言い立てたのは、自分の拉致三原則にもとづく拉致問題を提起したのであった。日本国家は拉致という北朝鮮の犯罪行為を忘れない、この問題を暴露告発して、北朝鮮をなおも追及するということである。安倍首相の主張は「拉致被害者全員の即時帰国」なのだから、これをトランプ大統領が本気で主張すれば、米朝首脳会談を決裂させかねない主張であった。

安倍首相は米朝交渉が難航する中で、傍観者的な態度をとりつづけた。日本として、平和プロセスを進めるために、何かをするという姿勢をまったく示さなかった。対照的に、文在寅大統領は九月に訪朝し、三度目の南北首脳会談をおこなうなど、南北の接近で事態を改善しようとしたのだが、安倍首相の周辺の人々は、文大統領は親北的ではないかと反発を強めたようである。そこに一〇月以降、徴用工訴訟での大法院判決、慰安婦問題二〇一五年合意に基づく治癒財団の解散、韓国海軍艦船からの自衛隊機に対するレーダー照射問題が連続して起こった。韓国側の態度にも問題があったが、安倍政府のすこぶる強硬な反応は驚くべきものであった。

ついに、二〇一九年一月二八日の国会冒頭の施政方針演説で、安倍首相は「地球儀俯瞰外交総仕上げ」を語り、中国、ロシア、北朝鮮について、関係の改善を目指すと述べながら、韓国には一言もふれず、完全に相手にせずという態度を示して、衝撃をあたえた。

ハノイの第二回米朝首脳会談が決裂に終わると、安倍首相はかえって元気になり、五月三日には、産経新聞のインタビューで、「拉致問題の解決には、わが国が主体的に取り組むことが何よりも重要です。まずは現在の日朝間の相互不信の殻を打ち破るためには、私自身が金委員長と直接向き合う以外はない。ですから条件をつけずに金委員長と会い、率直に、また虚心坦懐に話し合ってみたいと考えています。」と述べた。金正恩委員長は会うと言っていないのに、会いたいと言い、会って問題を解決することが求められている文在寅大統領は無視するという異常な姿勢である。

六月の大阪のG20で、文大統領無視の態度が露骨に示された。安倍首相は各国首脳のほとんどと会談をしたのに、文在寅大統領とは会談せず、立ち話程度の話もしなかった。

大阪のＧ20のあと、トランプ大統領がそのまま韓国へ行き、文大統領の助けをえて、金正恩委員長と板門店で第三回の首脳会談を行ったことは安倍首相に強烈なパンチを食らわせたことであった。安倍氏はトランプ氏に不満を言うことはできず、怒りの矛先を文大統領に向けたのである。

七月はじめ、日本政府は半導体原料三品目の輸出に関する特別措置を停止する決定を韓国に対して表明した。半導体製造が韓国経済にとってもつ重要な意義を思えば、この措置が韓国経済に致命的な脅威をあたえうる敵対的な行為であることは明らかである。これらの措置がついに韓国のＧＳＯＭＩＡ非継続の措置につらなっていくのである。日韓関係は最悪の状態となった。

安倍首相が韓国を相手にせず、とするのは、祖父岸信介にも背くものだろう。部下の椎名悦三郎とともに、明治以来の対外侵略を「栄光の帝国主義」とみていた岸は、韓国との関係の死活的重要性をみとめるがゆえに、伊藤博文の行為について謝罪する言葉を腹心矢次一夫に託して韓国に伝えさせたとも言われている。

近年、「三八度線が対馬海峡に降りてくる」というような議論がテレビの中の専門家、解説者、政府関係者の口からもれるのを聞いていた。総裁外交特別補佐という肩書でテレビに出た河井克行氏がそのようなことを語っていた。アメリカのネオコンのバノンとか、ボルトンなどと親しく、彼らを安倍首相に結び付けている人である。最後の組閣で法務大臣として入閣して、妻の選挙法違反事件であっという間に辞任してしまったが、雑誌『月刊Hanada』のセレクション「韓国という病」（九月刊）の中では、朝鮮半島全域が中国陣営に加わるという展望を明確に示唆していた。中国、ロシア、南北朝鮮の大陸国家ブロックに対抗して、アメリカ、日本、台湾の海洋国家ブロックで結束するということになるようだ。雑誌『文藝春秋』九月号は特集「日韓炎上――文在寅政権が敵国になる日」を組んだ。そのリードには「輸出管理の先にある『日米同盟VS統一朝鮮』とある。安倍氏のブレーンの一人、慶応大学の細谷雄一氏は、『読売新聞』八月一八日号で、安倍政権の対韓政策を支持したうえで、次のように述べた。「日本にとって地政学的に最も重要なのは、米国と中国という二つの大国の動向である。そして、米中両国と比較すれば、韓国の重要度は相対的に大きくない。」米国との同盟を強固にし、日中関係を安定的に維持すれば、日本の平和は確保されるというのである。安倍首相の気分はこの細谷氏ののんきな展望に近いのかもしれないが、論理的に考えれば、元総裁外交特別補佐の弁の方が本音ではないかと思えた。

韓国と切れるということは、米朝平和プロセスを無視するということである。朝鮮半島の南北二国家はどこまでも日本に因縁をつけて、歴史の反省を執拗に求めてくる存在だから、たもとを分かとう。朝鮮は結局中国になびくのだ。日本にはアメリカがついている。日米同盟は永遠の同盟だ。安倍氏がこのように言えば、さすがに国民は不安になるだろう。

私は一九年秋「韓国は敵なのか」の声明に加わったが、その声明は次のようによびかけた。

「いまや金大中大統領と小渕首相の1998年日韓パートナーシップ宣言がひらいた日韓の文化交流、市民交流は途方もない規模で展開しています。BTS（防弾少年団）の人気は圧倒的です。

テレビの取材にこたえて、『女子高生は韓国で生きている』と公然と語っています。300万人が日本から韓国へ旅行して、700万人が韓国から日本を訪問しています。ネトウヨやヘイトスピーチ派がどんなに叫ぼうと、日本から韓国を切り捨てる、韓国と日本を切り離すことはできないのです。」

そのように言われて、安倍政権はたじろいだ。安倍支持勢力も動揺した。『文藝春秋』は一〇月号では特集「日韓断絶――憤激と裏切りの朝鮮半島」を組んだが、一一月号になると特集「日韓相克」を組んで、韓国大統領外交顧問文正仁《ムンジョンイン》氏の論文「安倍首相よ、なぜ韓国が敵対国なのか」をのせたのである。安倍首相は一〇月三日の国会での所信表明演説で「韓国は、重要な隣国であります」とついに一声発することを余儀なくされた。日本国の首相は韓国を敵とみることは許されないことなのである。

## 7 東北アジア共同の家――新たなヴィジョン

安倍首相は本年、二〇二〇年一月二〇日の施政方針演説で外交・安全保障方針のトップで、「日朝平壌宣言に基づき、北朝鮮との諸問題を解決し、不幸な過去を清算して、国交正常化を目指します。」と立派な前置きを置いた上で、「何よりも重要な拉致問題の解決に向けて、条件をつけずに、金正恩委員長と向き合う決意です」とやる気もなく、できもしない空約束を相変わらず述べ立てた。しかし、本気でやる気を出すのなら、米朝首脳会談が開いた平和プロセスに参加するために、日朝国交正常化の道を進むことができる。いま現実的に進める道はあるのである。日朝平壌宣言にもとづいて、条件をつけずに国交を樹立し、平壌と東京に大使館を開くことである。石破茂氏は先年の自民党総裁選挙のさい、平壌と東京に連絡事務所を開くところから懸案の交渉をはじめることを公約に掲げた。その積極的な姿勢は敬服に値するが、連絡事務所の開設では北朝鮮を動かす魅力が不足している。いまは連絡事務所でなく、大使館の開設が必要である。

条件をつけずにということは制裁をそのままにしてという意味である。この意味での無条件国交樹立とはオバマ大統領の二〇一五年キューバ国交樹立の例にならうということである。大使館を開けば、核ミサイル問題、経済協力問題、制裁解除問題、そして拉致問題の交渉を四つのテーブルで同時に開始することができる。国交を開けば、独自制裁の緩和、文化交流、人道支援、船と人の往来は実施できる。日朝国交正常化によって、北朝鮮は国際関係における自らの地位を確実に変え、安全のための意味ある心理的保証を得て、非核化の方向に確実に数歩は進むことができるはずである。

韓国にとって、米朝平和プロセスを進めるためには、そういう日本が必要であるはずだ。日本をこの方向へ動かすためには、日本国民の心をつかまなければならない。日韓関係を改善するには国民同士の交流、友好関係を発展させることが何よりも重要だと考える。そのためには先ごろ発表された日韓の合同協議会設置の提案は意義のある提案であった。はやく協議会をスタートさせ、大法院判決の執行のために求められている日本企業の差し押さえられた財産の競売手続きの実施を先延ばししてもらうのは有益であろう。さらに東京オリンピックまでの期間をオリンピック休戦の期間と宣言して、現状を悪化させ、対立を深めることを慎むことを提案するのもよいだろう。米朝対立を打開するのに平昌オリンピックが果たしたPeace building（平和の構築）の役割を継承する必要がある。

　トランプという最低の米国大統領をして、北朝鮮とのDeal（取引）を全うさせるためにあらゆる努力をつくして、米朝平和プロセスを前へ進めることができれば、われわれはどのような地平にたどりつけるのだろうか。それは東北アジアの新しい共同の家だと言いたい。

　東北アジアの将来ヴィジョンについて、いろいろな案が語られてきた。一九九〇年七月、私はソウルでの東亜日報主催のシンポジウムで、米国をふくめた東北アジア六か国で「東北アジア人類共生の家」をつくるという考えをはじめて表明した。一九九五年には韓国の雑誌『創作と批評』に論文「「東北アジア共同の家」と朝鮮半島」を書いた。二〇〇三年二月には、韓国のあたらしい大統領盧武鉉《ノムヒョン》氏が「東北アジア共同体」、「平和と繁栄の共同体」をつくるのが願いであると就任演説で語って、私を驚かせた。この大統領の提案に勇気づけられた私はその年に東京で『東北アジア共同の家――新地域主義宣言』を出版した。しかし、このような提言はすべて想像力の産物にすぎなかった。盧武鉉大統領の提案からは大統領直属の東北アジア共同体委員会は生まれたが、それ以上には進まなかった。

だが、はじまりつつある米朝平和プロセスの中で、今は地域共同体のあたらしい積極的な構想が模索される条件が出現している。梅林宏道氏は一九九六年から「東北アジア非核地帯」の構想を説きつづけてきた。この構想は、日本、韓国、北朝鮮の三国が核兵器をつくらず、もちこまないと誓約し、米国、ロシア、中国がこの三国を核攻撃をしないと誓約するというものである。もちろんこの構想も当初は全くの夢想でしかなかった。ところが、現在は状況が一変した。北朝鮮が自前の核兵器を保有するにいたり、しかも米国に対して、合意がととのえば、朝鮮半島の完全な非核化を実現すると公式的に表明したのである。日本と韓国は、米国の核の傘によって守られているが、自分たちは核兵器をもたないという原則を貫いている。そして、両国は北朝鮮が対話を通じて核兵器を廃止することを願っている。三国をとりまくロシア、中国、米国は核武装した超大国であり、自分は核兵器を放棄することは考えないが、北朝鮮が核兵器を廃棄することを願っており、韓国、日本が核武装することを望まない。

朝鮮半島の完全な非核化を実現するためには、朝鮮半島のみならず、日本列島と沖縄の非核化をも達成しなければならない。米朝の平和プロセスが朝鮮半島と日本列島、それに沖縄の完全な非核化に到達すれば、三国、南北朝鮮と日本は完全に非核化され、中立国化されていることになる。三国は通常の、あるいは最小限の軍事力をもっているだろうが、おそらくその時には、日本だけでなく、韓国も、朝鮮民主主義人民共和国も、おそらく憲法に戦争放棄の条項をくわえているだろう。三国は平和国家の同盟を構成しているはずだ。

この三国は、周辺三大国と東北アジア安全保障共同体を構成する。核三大国は半島と列島に対して侵略せず、干渉せず、三国間で戦争せずとの誓約をもって結ばれなければならない。南北朝鮮と日本はこの三国を結びつける平和の核とならなければならない。これが将来の東北アジア、東北アジア共同の家の最終イメージである。米朝平和プロセスの長い道のりを歩いて、サンフランシスコ体制を完全にのりこえれば、東北アジアの市民はここに到達することができる。

# 第二章　朝鮮戦争と日米同盟の経緯

孫崎　享

## 1　戦後の日米安全保障関係の推移

### (1) 大国の行動が与える影響

私は一九八五年ごろ、外務省国際情報局に分析課長として勤務した。その時の局長が岡崎久彦氏(一九四〇年―二〇一四年)である。彼は米国との協調を強く主張し、私は「対米自立」を主張し、真逆の立場である。だが、国際情勢の現状を真剣に追求しようとする点では同じで、良好な局長・課長の関係であったと思う。

彼は次のように述べていた。

「自分は分析の作業をする時、最初はソ連、中国、北朝鮮の専門家の意見を聞いていたが、よく外れる。その後、米国の戦略をまず考え、それがそれぞれの地域にどう当てはまるかを考えて予測を行ってから、ほとんど外れていない。」

国際政治においては、それぞれの時代での最超大国の動きを見て、それが各地域にどう当てはまるか、という物の見方をすることが極めて重要である。

ただ、超大国は「自分はこう動く」ということを常に正直に公表する訳ではない。

事前に述べた方針が、新たな事態の展開によって逆になる場合もある。

(注：湾岸戦争時、イラクがクウェートを侵攻する時、事前にサダム・フセインがエプリル駐イラク米国大使にクウェート侵攻をほのめかしたのに対し、大使は「アラブの問題はアラブ内で解決すべし。自分は二国間関係の発展のために赴任している」と述べ、サダム・フセインはこれを「米国がクウェート侵攻を容認した」と間違って受け止めクウェート侵攻を行った。この時点の状況は、「米国としてイラクがクウェートを侵攻する可能性をそう高いものと判断しておらず、したがってその対応策も不在であった」という状況であったとみられる。)

さらに「表向き公表すれば、新たな展開が起こる」として隠しておく場合もある。具体例として、「ベルリンの壁の崩壊」を見てみたい。

一九八〇年代後半、比較的国際情勢通とみられる駐東独日本大使がいた。彼は「東ドイツには様々な問題があるが、党、治安機関の体制は強固であり、東独が消滅することは、これから何十年も起こりえない」と公式の場で豪語していた。東独という国内だけを見ていれば、その判断は正しかったであろう。だがベルリンの壁が崩壊し、あっというまに東独政府は消滅した。

ベルリンの壁の崩壊という動きは、東独だけを見ていてもわからない。これには、東西関係の変化という側面が大きい影響を与えた。

東独の市民は西側に自由に行くことはできない。だが東欧圏内では移動は自由である。一九八九年八月一九日、ハンガリーの民間団体の主催で「汎ヨーロッパ・ピクニック」がハンガリーとオーストリアの国境沿いのショプロンで開かれた。このイベントはハプスブルク家の末裔であるオットー・フォン・ハプスブルクが主催者であった。この「汎ヨーロッパ・ピクニック」に集まってきた東ドイツの人々は先を争って国境線を超え、六六一人がオーストリアへの越境に成功した。その後、ハンガリーと西ドイツ政府との協議で、多くの東独人がハンガリー経由で、西ドイツに脱出することが実現した。ベルリンの市民は自由に西ドイツに移動することが出来、ベルリンの壁の存在意義が消滅した。ベルリンの壁は解放され結局取り壊され、東独は消滅した。

ここまでは、多くの人の知っていることである。

岡崎久彦氏に戻ろう。彼は、アメリカの戦略を知るにあたって、まさか米国にスパイを送るわけにもいかないからとして、西海岸（ランド研究所）、シカゴ（外交評議会）、ニューヨーク、ワシントンの研究所を四半期ごとに訪れ、そこで議論をする方針を取っていた。一九八〇年代後半、彼が四地域を訪れると、すべてが「近く東欧に大動乱が起こる」と述べていた。彼は、「米国が東欧で何か事件を起こす方針である」と確信した。それで彼はそれを安倍晋太郎氏（安倍晋三首相の父）に述べる。安倍晋太郎氏は岡崎久彦氏の言葉を信じて、「近く東欧に大動乱が起こる」と講演などで述べるが、何も起こらない。それで安倍晋太郎氏が岡崎久彦氏に「何も起こらないじゃないか」と不満を述べる、こういうことがあった。

ベルリンの壁の崩壊に関する米国の関与は誰も議論しなかった。だが、ベルリンの壁の崩壊の真の仕掛け人は米国である。

「ベルリンの壁」の崩壊から約一〇年後、ジェイムズ・ベイカー（ジョージ・H・W・ブッシュ政権の国務長官）が「ベルリンの壁」の崩壊後の回顧を行う。この中で彼は次のように述べる。

・一九八九年春、ブッシュ大統領は米国大統領として戦後初のハンガリー訪問を行う。

・ここでブッシュ大統領はハンガリーとオーストリアの間の切り取った鉄条網の寄贈をうける（つまり、国境に鉄条網がなくなったことを意味する）。そこでブッシュ大統領は「これで冷戦は終わった」と涙を流す。

・それ以前に、ゴルバチョフソ連共産党書記長は「自分たちは米国と戦わない。冷戦を終える」と米側に連絡していた。これを受けて、ブッシュ・ベーカーは、「ゴルバチョフの意向が本物か試してみよう」ということで、それまでに極秘裡に築き上げた米国・ハンガリーの関係を利用し（注：ＣＩＡとハンガリー情報機関は協力関係を築いていた）、ハンガリー・オーストリア間の鉄条網を撤去させた。それはベルリンの壁の崩壊につながることを理解した上での行動である。

つまり、大国の動向は、小国の意志と関係なく、小国の運命を左右するものであるということを理解していただきたい。それは、日本の安全保障政策もそうであるし、朝鮮半島情勢でもそうである。

そして朝鮮半島の場合もそうであるが、米国は北朝鮮にどのような意図で臨むかを常に正確に公表している訳ではないことを、十分に認識すべきである。

朝鮮戦争勃発に関しては、一九五〇年一月一二日、アチソン国務長官がナショナル・プレス・クラブで行った演説との関係が論議される。アチソンはこの演説で、「この（アメリカの）防衛戦はアリューシャン列島に沿い、日本に行き、そして琉球に行く」と述べて、この防衛線に朝鮮半島が含まれていなかった。さらにマッカーサーですら当時、シーボルト連合軍最高司令部外交部長に、「韓国は軍事的に防衛不可能だから、米軍の撤退は当然である」と述べている。当時の米軍関係者の発言を見ると、米国は朝鮮半島を守らないであろうと推測させる材料は多く存在していたのである。この発言は朝鮮戦争勃発と深い関係を持つとみられるので、和田教授の見解をうかがうことにしたい。

## (2) 戦後の日米安全保障関係の推移

今日、日米安全保障関係においては、①在日米軍基地の在り様、②米国戦略下での自衛隊の海外派遣、などの問題を有している。大きな転機は、①占領期、その延長線の独立、②冷戦、③冷戦の崩壊であり、外的な環境の変化が日米安全保障関係の形成に深くかかわった。

### a：占領時代から一九六〇年新安保条約の締結

#### (a) 経緯

日本は一九四五年八月一五日ポツダム宣言を受諾し、九月二日、降伏文書に署名した。降伏文書には、「日本のすべての官庁および軍は降伏を実施するため、連合国最高司令官の出す布告、命令、指示を守る」、「日本はポツダム宣言実施のため、連合国最高司令官に要求されたすべての命令を出し、行動をとることを約束する」と記されている。第二次大戦後も日本には天皇や政府が存続しており、これらが国民には統治している様相を与えながら、実態は、基本方針は米国が作成していた。

同じ敗戦国でもドイツは異なる。この異なりが今日でも両者の政策の異なりとして、現れている。ドイツは開戦後、統一されたドイツという国家はない。米、英、仏、ソ連の四国の軍事勢力に分割統治されていた。そして将来についても、戦勝国側には、「ドイツは四か国の軍事統治でいい」、「軍事統治後も統一国家ではなく、いくつかの独立した国をつくればいい」との論があった。結局、西ドイツ、東ドイツという形で国家は成立する。ここでドイツは、米国にだけ隷属すればいいという考えでは、西ドイツという国の成立も果たせない。最低限、米、英、仏、ソ連が国家成立を認めなければならない。ここから、ドイツにとって、近隣諸国に対して友好的外交政策をとることが不可欠となる。

他方日本は異なった。連合国、実質は米国の支持に従うことで日本政府は存続した。天皇、首相、官僚、メディア、経済界、学界等日本の全ての機関は米国に従うという基本姿勢を有しない限り、存続できなかった。そしてこのことは、米国が東アジアに関心を失うわずかの期間(一九七〇年代初期から一九八〇年代初頭)、ベトナム戦争からの撤退期を除き、日本独自の戦略を考えることはほぼ許されない状況を作ったのである。

当初、米軍の政策は、日本を再軍備させないものとすることが基本方針であった。しかし、冷戦の勃発以来、米国は冷戦の中で、日本を軍事的に利用することに方針を切り替える。

冷戦の発足には幾つかの節目がある。

①英国の前首相チャーチルの「鉄のカーテン演説」(一九四六年三月)

②トルーマン・ドクトリンの発表(一九四七年三月)

③マーシャル・プランの発表(一九四七年六月)。

この冷戦認識は米国の対日政策の変化につながる。

しばしば冷戦の始まりを朝鮮戦争ととらえる人々がいるが、それより早く開始されている。ロイヤル陸軍長官は一九四八年一月六日の演説で「日本の占領においては、将来極東で起こるかもしれない全体主義との戦争に対し、日本が抑止力として貢献することのできるよう、自給自足の民主主義を作ることが目的です」という演説を行う。

ジョージ・ケナン（ソ連研究の専門家で、冷戦期前半に活躍、「〈ソ連〉封じ込め政策」の立案者）は「西ドイツと日本を共産主義の圏外に確保し、その巨大な目的のためにフルに活用できるようにすることが、ぜひとも必要だった」と述懐している。

この流れのなかで一九四八年三月、ドイツと日本の占領政策実施の責任者であるドレーバー陸軍次官が来日する。

一九五〇年四月、国家安全保障会議は「国家安全保障会議報告68」という文書を作成する。これは、米国の冷戦政策を基本的に固めたものである。

○ソ連との戦争が起こる可能性がある

○米国と他の自由主義国が協調して経済力・軍事力の強化を行うことが必要である、等。

こうした中で、占領軍の対日政策は変化する。日本国内では、一九四八年一二月二四日、岸信介氏が不起訴のまま無罪放免された。日本では「逆コース」が始まる。ここでも、「逆コース」は朝鮮戦争勃発前に起こっていたことに留意願いたい。

「逆コース」の中で、支配構造は、①統治能力を持つ人々を登用するということで、結局敗戦以前の全体主義的思想の持ち主を使用する、②対米隷属を受容するものとする、の二つの思想からなる者で構成される。

戦前統治に関与した人物は占領初期、日本の統治機構から排除された。彼らが再登用されるための絶対条件は、対米隷属を受容するということである。「右翼思想」と「対米隷属」は一見相矛盾するようであるが、歴史的経緯を見ると日本では必然であったのである。

この支配構造は、①天皇、②政治家、③官僚、特に安全保障に関連する外務省、防衛省、暴力装置を担う警察、検察、④経済界、⑤マスコミ、⑥学界全ての分野に浸透する。②の中に対米隷属を否定する流れが出る時には、上記組織が連携し排除する。これが戦後の日本政治の基本構図となる。

排除される具体的ケースとしては、①米国の敵対勢力との関係強化の動きが出た時（田中角栄）、②対米従属を基軸とする安全保障政策を見直す時（細川護熙）、③米国軍事政策に非協力的な時（福田康夫）、④米軍基地撤退を呼び掛ける時（小沢一郎、鳩山由紀夫）がある。

この際、排除に動くのは米国が直接手を下すより、米国の意向が何らかの形で伝えられ、上記①―⑥の諸グループが動くことに特徴がある。

## （b）この体制の問題点

### （い）米国は日本を守るのか

①条約上の問題

旧安保条約の米側担当ダレスは『フォーリン・アフェアーズ』誌に、この条約によって米国は何ら日本防衛の義務を負っていないと解説した。

では新安保条約になるとどうなるか。五条は「各締約国は、日本国の施政の下にある領域における、いずれか一方に対する武力攻撃が、自国の平和及び安全を危うくするものであることを認め、自国の憲法上の規定及び手続に従つて共通の危険に対処するように行動することを宣言する。」

多くの日本国民は、「これで米国は日本を防衛する義務を負った」と勝手読みをするが実態は異なる。米国の憲法では交戦権は議会にあり、議会が賛成といった場合に参加するという以上のものではない。（注：イランとの関係が緊迫している中、サンダース上院議員は、Mr. Trump, the Constitution of the United States is perfectly clear. Only Congress—not the president—can declare war. And Congress will not give you the authority to start another disastrous war in the Middle East just because the brutal Saudi dictatorship told you to. と二〇一九年九月一五日ツイートしている。）

②米国の関係国への説明　キッシンジャー→周恩来（一九七一年一〇月二二日）

「日本が攻撃された時に、我々が日本を防衛したいと思えば、防衛することはできます。核の時代においては、国家がほかの国を防衛するのは条約があるからではありません。自国の国益が危険にさらされるからです。」（出典『周恩来　キッシンジャー機密対談録』、岩波書店）

③最近の軍事バランスの変化により、米国は尖閣諸島周辺では中国と戦争できない軍事バランス上、近年重大な変化をもたらしているが、日本ではほとんど言及されない。それを明確に指摘したのは、米国安全保障政策関連で最も権威のあるランド研究所が二〇一五年発表した報告、「アジアにおける米軍基地に対する中国の攻撃（Chinese Attacks on U.S. Air Bases in Asia、An Assessment of Relative Capabilities, 1996-2017）」である。

主要論点。

○中国は軍事ハードウェアや運用能力において米国に遅れを取っているが、多くの重要分野においてその能力を高めている。

○中国は自国本土周辺で効果的な軍事行動を行う際には、米国に挑戦するうえで全面的に米国に追いつく必要はない。

○特に着目すべきは、米空軍基地を攻撃することによって米国の空軍作戦を阻止、低下させる能力を急速に高めていることである。

○一九九六年の段階では、中国はまだ在日米軍基地をミサイル攻撃する能力はなかった。

○中国は今日最も活発な大陸間弾道弾プログラムを有し、日本における米軍基地を攻撃しうる一二〇〇のＳＲＢＭ（短距離弾道ミサイル）と中距離弾道ミサイル、巡航ミサイルを有している。

○ミサイルの命中精度も向上している。

○滑走路攻撃と基地での航空機攻撃の二要素がある。
○台湾のケース（実際上は尖閣諸島と同じ）は嘉手納空軍基地への攻撃に焦点を当てた。台湾周辺を考慮した場合、嘉手納基地は燃料補給を必要としない距離での唯一の空軍基地である。
○二〇一〇年、中国は嘉手納基地攻撃で嘉手納の飛行を一〇日間閉鎖させることが可能であった。
○二〇一七年には、中国は嘉手納基地を一六〜四七日間閉鎖させることができる。
○ミサイル攻撃は米中の空軍優位性に重要な影響を与える。それは他戦闘分野にも影響を与える。
○空軍を多くの基地に分散させるなどして、中国の攻撃を緩和することができる。
○米中の軍事バランス

| | 台湾周辺 | 南沙諸島 |
|---|---|---|
| 一九九六年 | 米軍圧倒的優位 | 米軍圧倒的優位 |
| 二〇〇三年 | 米軍圧倒的優位 | 米軍圧倒的優位 |
| 二〇一〇年 | ほぼ均衡 | 米軍圧倒的優位 |
| 二〇一七年 | 中国優位 | ほぼ均衡 |

（注：尖閣諸島の軍事バランスについては、空軍力がもっとも重要。仮に米軍機が中国軍機よりはるかに勝っていたとしても、滑走路を破壊されればもう終わり。）

（ろ）基地負担問題

日本の負担は妥当か。

①日米地位協定

第二四条1　日本国に合衆国軍隊を維持することに伴うすべての経費は、2に規定するところにより日本国が負担すべきものを除くほか、この協定の存続期間中日本国に負担をかけないで合衆国が負担することが合意される。

②現実の経費負担

二〇一六年一一月一六日付読売新聞報道

日本七六一二億円、韓国一〇一二億円、ドイツ一八七六億円、イタリア四四〇億円、英国二八六億円、サウジ六四億円。

（参考：大学無償化のためにかかるお金は、国公立大学で四一六八億円、内訳は国立大学三三一五億円、公立大学八五三億円。）

③基地建設

辺野古基地を普天間基地代替として建設。地元沖縄は反対。政府は推進。

（は）米国は、日本を近隣諸国と敵対的関係に誘導

①日ソ関係

一九五六年、鳩山一郎政権時、日本は日ソ交渉を行う。この時、冷戦の真最中であり、米国は日ソ関係の進展は望んでいない。千島は、①日本側に千島を放棄させる（サンフランシスコ条約）、②他方米国はヤルタ協定等で千島をソ連とすることを認めることで戦後ソ連領となったことに何の疑問の余地もなかったが、日本に国後・択捉を要求させることで、常に対立を継続する状況を作った（詳しくは孫崎享著『日本の国境問題』を参照願いたい）。

②尖閣諸島問題

尖閣諸島においては沖縄返還の際、米国は「尖閣諸島の管轄権は日本にあるが、領有権問題にはいずれの立場にもくみしない」として、尖閣諸島領有権争いの素地を作った（詳しくは、上記の本、および小説の形をとっているが孫崎享著『小説外務省　尖閣問題』を参照願いたい）。

③欧州の場合

欧州においては「憎しみあいから協力の利益の認識」の思想の下、当初は「欧州石炭鉄鋼共同体」を創設しそれが欧州連合に移行し、軍事紛争のない地域を形成した。その意味で「東アジア共同体」形成は有力な政策である。しかし、米国は推進者であった小沢一郎氏、鳩山由紀夫氏を政権から排除する工作を行った。

## b：冷戦後自衛隊を米軍戦略の下で使う動き

## （a）冷戦終結時、米国への最大の脅威は誰と認識されていたか

ソ連が崩壊した時期、米国民は自分たちにとって最大の脅威であると見なしていたのはどこの国であったか。答えは「日本」である。この当時、日本製の自動車や鉄鋼が米国に輸出され、米国の自動車産業や鉄鋼産業は崩壊の危機にさらされていた。

一九九一年、シカゴ外交評議会が調査した米国世論の対外脅威認識

米国への死活的脅威

| | 大衆 | 指導者層 |
|---|---|---|
| 日本の経済力 | 60％ | 63％ |
| 中国の大国化 | 40％ | 16％ |
| ソ連の軍事力 | 33％ | 20％ |
| 欧州の経済力 | 30％ | 42％ |

## （b）冷戦後の戦略の模索――ソ連の脅威が消滅後、誰が安全保障上の脅威か

ニューヨーク・タイムズ紙は「マクナマラ元国防長官は『上院予算委員会でソ連の脅威が減じたいま、三〇〇〇億ドルの国防予算は半分に減らせる。この資金は経済の再構築に回せる』と証言した」と報ずる。

しかしマクナマラ元国防長官の証言どおりにはならなかった。

「唯一の超大国としての米国の地位を、十分な軍事力で、永久化させる」という考え方が出る。

それなら「敵は誰なのか」という問題が出てくる。ソ連が崩壊したのだからロシアの脅威はすでに減じている。一九九〇年代初期、中国の経済市場はまだまだ小さく脅威にはならない。

そこで、イラン、イラク、北朝鮮を持ち出す。しかしイラン、イラク、北朝鮮は、いくら「悪の枢軸」と呼ばれるようとも、自分たちから米国を攻撃することはない。

ここから、新しい展開がでる。実際にはなにもしてこないイラン、イラク、北朝鮮を「酷い、危険な国である」と位置づけ、米国が、自国が攻撃されていなくても、イラン、イラク、北朝鮮の悪を排除するために、自ら攻撃を仕掛ける政策が必要となる。

ここで、戦後体制が大きく変わる。

戦後、世界の基本的構図の一つが国連である。国連憲章は、第二条に「この機構は、そのすべての加盟国の主権平等の原則に基礎をおいている」「すべての加盟国は、その国際関係において、武力による威嚇又は武力の行使を、いかなる国の領土保全又は政治的独立に対するものも、また、国際連合の目的と両立しない他のいかなる方法によるものも慎まなければならない」とし、第五一条で「この憲章のいかなる規定も、国際連合加盟国に対して武力攻撃が発生した場合には、安全保障理事会が国際の平和及び安全の維持に必要な措置をとるまでの間、個別的又は集団的自衛の固有の権利を害するものではない」としている。これらは「武力攻撃を受けていない時には軍事行動を行わない」ことを原則とする。

しかし、米国はイラン、イラク、北朝鮮等に対する軍事行動を予定する。ここから、「米国単独の軍事行動」や「有志連合の武力攻撃」という概念が出る。

**（c）日本・ドイツをどう扱うか**

米国は冷戦後も軍事重視の路線を取る。しかし軍事に金を注げば経済で日独に抜かれる可能性がある。そこで日独も軍事に参加させる。

一九九三年、アスピン米国防長官（当時）の下で「ボトムアップ・レヴュー」という軍事戦略が発表される。

○重点を東西関係から南北関係に移行する。

○イラン、イラク、北朝鮮などの不安定な国が大量破壊兵器を所有することは、国際政治上の脅威になる。したがって、これらの国が大量破壊兵器を所有するのを防ぎ、さらにこれらの国々の民主化を促すため、必要に応じて軍事的に介入する。

○軍事の優先的使用を志向する。

○同盟体制を変容させる。

○軍事行動の目的は米国が設定する。

ポール・ジアラ氏は一九九〇年代初期、日米安全保障面の責任者である国防省日本部長であるが、彼は論文「新しい日米同盟の処方箋」（一九九九年）で次のように説明している。

○新ガイドラインに盛り込まれた国連のＰＫＯ、人道支援、災害援助活動はいずれもグローバルな日米協力を視野に入れたものである。

○このような頻繁に起こり、緊張度の低い作戦行動を共同で行うことは、同盟の性質を転換させるために不可欠な実際上の手続き、作戦面での政治プロセスを制度化する可能性を持つからである。

○PKOや人道支援、災害援助などの分野は政治的に受け入れられやすいこともあり、共同で行うことは同盟の結束を促す上でよい機会である。

○人道支援面などで作戦を日常的に行うことは、はるかに緊張度の高い有事への作戦の準備としても絶好の訓練になる。このような活動で求めるものは軍事有事と共通である。二国間の政治機構、調整手順は有事に適用可能である。

このシナリオに従って新しい日米関係の枠組みが構築される。

一九九五年二月　米国防省は「東アジア戦略報告」を作成。

一九九五年一一月　村山内閣は「防衛計画の大綱」を約二〇年ぶりに改定。

自衛隊が海外で人道支援活動を行うことに日本国民は抵抗感を持たなくなる。

二〇〇五年に「日米同盟　未来のための変革と再編」。実質的に集団的自衛権を認めるものである。しかしほとんどの日本国民はこの合意について知らない。

「日米同盟　未来のための変革と再編」の中でもっとも重要なのは「地域及び世界における共通の戦略目標を達成するため、国際的な安全保障環境を改善する上での二国間協力は、同盟の重要な要素となった」としている点である。

日米の軍事協力は極東という地域を超えて協力することに合意がなされる。

第一次安倍政権（二〇〇六年九月〜〇七年八月）下、「安全保障の法的基盤の再構築に関する懇談会」が設置され、集団的自衛権の検討を行う。しかし、安倍内閣を受け継いだ福田首相は集団的自衛権に慎重となる。第二次安倍政権が成立して、一気に集団的自衛権の容認を強行した。

だが、憲法がある限り、米国の戦略の下で、自衛隊を海外で展開させるのは、憲法九条、人権重視の諸規定で困難である。従って安倍政権は、「国際貢献を行う自衛隊を有する」改定の導入を行い、米国戦略の下で自衛隊を海外で戦わせる体制の構築を意図する。

## 2　戦後の日本外交における北朝鮮問題、歴史的経緯

### (1) 朝鮮戦争

#### a：全体的傾向

冷戦の深刻化とともに米国は日本の在り様を、①米国の戦争に協力できる国にする、②①とついになっているが、日本政治の中枢に第二次大戦に関与した人を持ってくる、その分「民主化」を後退させる動きが出た。それは朝鮮戦争勃発前に起こっている。しかし、朝鮮戦争によってこ

の動きが一段と加速する。

**b：警察予備隊の設置**

**（a）基本的動き**

一九五〇年六月二五日、朝鮮戦争の勃発後、武装集団を持つことが進められる。一九五〇年七月八日、マッカーサー元帥は吉田茂首相に対し、「日本警察力の増強に関する書簡」を提示した。「日本のみならず、いたる所において法の正当な手続きを覆し、平和と公共の福祉に反するような攻撃の機会を狙う不法な少数者から挑戦されることなく、以上のような好ましい状態（国内治安が良好）を安全に維持するため」「我々は日本政府に対し、人員七万五千名からなる国家警察予備隊を設立する権限を認める。」

**（b）警察予備隊をどのように解釈するか**

この「日本警察力の増強に関する書簡」をどう解釈するかは時代とともに変遷している。

・解釈1　一九五〇年七月九日朝日新聞（マッカーサー書簡の全文を報道し、「解説」を報じている）「これが国防軍の創設や警察国家への逆行（「行」の部分は別の漢字。判読できず）などと全く関係のないことが、政府のくり返し強調していることである。」

ここでは「軍」の復活でないことを強調している。

・解釈2　吉田茂（当時の首相）（『回想十年』、一九五八年発行）

「要請の目的そのものは、だれにもすぐ諒解された。すなわち朝鮮戦争のため前線に移動した米軍部隊の欠陥を補い、国内治安維持の実力を強めんとするものと解された。」

ここでは、他国との「交戦」の可能性への言及は避けている。

・解釈3　読売新聞戦後史班編『再軍備の軌跡』（読売新聞社、一九八一年）

『再軍備の軌跡』は「この書簡こそ〝日本の再軍備〟のきっかけとなる歴史的書簡である」と評価している。

・解釈4―1　後藤田正晴（一九三九年に内務省に入省。一九四〇年三月に陸軍に徴兵され一九四一年一〇月には陸軍主計少尉に任官。台北で終戦、台湾に中国国民政府軍が進駐し、翌年の一九四六年四月まで捕虜生活。一九六九年警察庁長官、一九八二年第一次中曽根内閣で内閣官房長官。警察予備隊設立時には、警備課長）（『情と理―後藤田正晴回顧録〈上〉』講談社―一九九八年）

（アメリカの本当の狙いは何だったと思われますか）

部隊の性格は、米軍のあとを埋めての警察の支援部隊としての警察予備隊ですが、指令が内閣を経て私のところ（警察予備隊警備課長）に回ってきたのです。私は編成担当ですから編成表を見た。その時私はこれはアメリカの歩兵師団そのものだなとすぐ分かった（中略）。その中に、冷凍中隊というのがある。これは分からなかったんです。何かと思って聞いてみたら、戦死者の内臓を取って冷凍して本国におくるんですね。火葬しない。文字通りこれは野戦に連れていく予定ですよ。それで僕らも最初からマッカーサーは、朝鮮で手こずっているから、僕らをまた連れていくんじゃないか、と思ってたんですよ。

・解釈4―2　内海倫（一九四一年に内務省に入省、海軍主計少佐、警察予備隊本部警務局教養課長、一九七〇年防衛事務次官）

「後藤田さんが〝内海君、一遍アメリカの倉庫（予備隊用）を見せてもらわにゃいかんな〟ということで、そのことをCASA（民事局別室）に申し入れた（中略）。七万五千人の隊員に対して、七万五千人の一人用テントが積んである（中略）。要するにアメリカの海外に派遣する軍隊が用意するものが、武器は別として警察予備隊の装備品として用意されていることは、まかり間違ったら朝鮮戦争に持っていく位のことを考えてのものかと僕らは想像した（中略）。どう考えても警察予備隊は大きな警察を作るのではなくて、第一線で戦争できる武力組織をつくるとしか考えられない。（出典『内海倫―オーラル・ヒストリー』、防衛研修所）

・解釈5　増田弘（『自衛隊の誕生―日本の再軍備とアメリカ』、中央公論新社、二〇〇四年）

「警察予備隊」→「保安隊」→「陸上自衛隊」と変遷する陸上部隊の最大の特色は、終始一貫して「米国軍事顧問団」が編成、訓練、装備、統制などあらゆる面で、指導ないし監督をしたことである。

・解釈6　軍事顧問団の参謀長になったフランク・コワルスキー大差は、後に回想において、「軍隊の健全な発展を阻害することに鑑み、マッカーサー元帥は憲法の一部を改正すべきであった」と述べている（出典 葛原和三著「朝鮮戦争と警察予備隊」、『防衛研究所紀要』、二〇〇六年三月）。

これまで、何人かの証言、解釈を見た。朝鮮戦争を契機とした警察予備隊の創設は、その後の日本の安全保障の問題をほぼすべて内蔵している。

①日本の安全保障政策、自衛隊の在り様は終始一貫して米国が編成、訓練、装備、統制などあらゆる面で、指導ないし監督をして来ている。

②米国の指示の中には必要に応じて、米国主導の戦争に参加することをも含む。

③その実施のためには、現行憲法が障害となり、米側から改憲を求める動きが出る。

**（c）警察予備隊の設置は民主主義を守らずに実施**

警察予備隊の設置は国内政治上も重要な意義を持つ。

警察予備隊の設置は法律ではなくて、国会での審議なしに政府が決定する政令でなされた。

読売新聞戦後史班編『再軍備の軌跡』（読売新聞社、一九八一年）は次を記述している。

（第二回目の秘密会議でのホイットニー発言）

「われわれが法律でなく政令でというのは（日本）政府の措置を推進し、国会審議の過程で生ずる遅延や政治的圧力を避けるためである。」

一九五〇年七月、占領軍は、野党にも工作を行う。七月一三日朝日新聞は次を報じた。

「社会党の浅沼委員長と、国民民主党苫米地最高委員長がウイリアムス民生局国会担当課長と会い、ウイリアムス課長は次のように発言している。〝警察予備隊創設に関する一切の事柄は政令によってなされる。この件に関する限り、国会は何ら審議する権限は持たない。この政令に反対することは最高司令官命令に反するものとみなされる〟」

日本国憲法は一九四七年五月三日に施行されている。憲法四一条は「国会は、国権の最高機関であつて国の唯一の立法機関である」と規定されている。警察予備隊は、民主主義の原則を無視して成立したのである。

当然、「警察予備隊を政令で成立させることは憲法に違反する」という動きが出る。

一九五一年四月日本社会党鈴木委員長が違憲の提訴を行い、一九五二年一〇月八日大法廷で判決が出され、違憲審査には「具体的な争訴事件が提示されることを必要とする」との判決が出される。この時の最高裁長官は田中耕太郎である。田中は戦前、一九三七年東京帝国大学法学部長に就任している。一九五九年砂川事件の伊達判決（「日本政府がアメリカ軍の駐留を許容したのは日本国憲法第九条2項前段によって禁止される戦力の保持にあたり、違憲である」とするもの）を巡っては、米軍駐留が違憲という状況を迅速に覆すため、地方裁判所→高等裁判所→最高裁判所の順序を踏まない政府の跳躍上告を受け入れ、田中は駐日首席公使に「結審後の評議は、実質的な全員一致を生み出し、世論を揺さぶるもとになる少数意見を回避するやり方で運ばれることを願っている」と話している。

こうして、米軍、警察予備隊（自衛隊）を巡っては米国の意向をうけ、違憲行為も辞さない対応に出ている。

（d）日本の経済への影響

日本は第二次大戦によって、多大な経済的打撃をうけた。生産財、消費財、交通財、これらをすべてあわせると、被害は二五・四％といわれている（大蔵省調査課編『覚書終戦財政始末』）。とくに食料事情が深刻で一九四六年の米の配給は一日一人当たり一合（お茶碗二杯分）である。一九四六年、四七年の輸入品にしめる食料の割合は五五～五六％である。食料がなんとか国民に十分行きわたるようになるのは一九五〇年以降となる。

こうしたなか、朝鮮戦争が起こった。米軍は戦争に必要な膨大な物資とサービスを日本で調達し、朝鮮特需と呼ばれた。

この特需は、当時の日本の外貨収入の何％くらいになるか。

| 年度 | 特需受取額 | 外貨収入に占める特需の割合 |
| --- | --- | --- |
| 一九五〇年 | 148 | 14・8％ |
| 一九五一年 | 591 | 26・4％ |
| 一九五二年 | 824 | 36・8％ |
| 一九五三年 | 809 | 38・1％ |

（外務省調書「昭和三一年の特需の概況」、単位百万ドル）

こうした朝鮮特需のおかげで、一九五〇年一〇月、日本の鉱工業生産は戦前を上まわるようになる。戦争は当時国に大変な負担を強いる。しかし、戦争が起こることによって大きな利益を得る層もある。

一九六一年一月一七日、アイゼンハワー大統領は退任時に、軍産複合体の脅威に警鐘をならす有名な演説を行っている。

「軍産複合体による不当な影響力の獲得を排除しなければなりません。誤ってあたえられた権力の出現がもたらすかもしれない悲劇の可能性は存在し、また存在しつづけるでしょう。

この世界は、おそるべき恐怖と憎悪の社会ではなく、相互の信用と尊敬にもとづく誇るべき同盟にならなければならないということです。そのような同盟はたがいに対等な国々の同盟でなければなりません。もっとも弱い立場の者が、道徳的、経済的、軍事的な力によって守られたわれわれと同等の自信をもって、話しあいのテーブルにつかなければなりません。」

アイゼンハワーが「軍産複合体による不当な影響力の獲得を排除しなければなりません。誤ってあたえられた権力の出現がもたらすかもしれない悲劇の可能性は存在し、また存在しつづけるでしょう」と述べたことは、軍産複合体の利益のために米国が戦争を行う可能性を指摘している。その後の米国の政策はアイゼンハワーの懸念通りの展開となっている。そして、日本の安全保障政策はそれとの一体化を求められている。

**C：冷戦後の米国戦略形成期―対米自立を目指す細川首相**

「ソ連の脅威消滅後の米国戦略―新たな脅威の模索」で、ソ連の崩壊後、ロシアの脅威が減少した中で、米国はイラン、イラク、北朝鮮の脅威を軸に戦略を形成したのを見た。しかし、この認識は米国特有の必要性から生じたものである。当然、日本では異なった見方がある。

（1）細川総理は樋口廣太郎アサヒビール会長を座長とする防衛問題懇談会を立ち上げる。

そこでは、日本をグローバルな舞台で動かしたいとする米国の流れとは逆の方向を探る「日本の安全保障と防衛力のあり方」、通称「樋口レポート」が作成される。樋口レポートは、「冷戦が終結し新しい世界が展開しているのに対応し、まず第一に世界的並びに地域的な多角的安全保障体制を促進する。第二に日米安保関係を充実する」と提言した。

米国はこの樋口レポートに危機感を持つ。ここから米国は真剣に対日政策を検討する。秋山氏の回顧録『日米の戦略的対話が始まった』は樋口レポートをめぐる米国の動きに詳しい。筆者がとりまとめた主要点は次のとおりである。

・マイケル・グリーンらは一九九四年八月の樋口レポートに驚きを持って接した。
・米国は樋口レポート発表後の一九九五年二月、日米関係を含む米国のアジア戦略を東アジア戦略報告（ＥＡＳＲ）という形でまとめた。
・東アジア戦略報告は、日本で進められようとしていた防衛大綱の見直しにも少なからぬ影響を与えていく。

アメリカの新たな戦略はイラン、イラク、北朝鮮を危険な国として位置付けるのを骨格としている。では、当時の細川政権が、北朝鮮に対して危機的な認識を持たず、北朝鮮との融和策を目指すとどうなるか。

小池百合子議員は『正論』二〇〇二年七月号に、要旨次の内容を記述した。

「九四年二月一二日夜、日米包括協議のためにワシントンを訪問中の細川護熙総理から私の東京での居場所である高輪の衆議院議員宿舎に電話が入った。受話器からは以外な名前が飛び出した。〝武村さんは問題だっていうのです〟（中略）日米包括協議〝決裂〟というこれまでの日米交渉にはない厳しい結果を迎える一方で、ワシントン滞在中の細川総理は、アメリカ高官から北朝鮮情勢が緊迫していること、朝鮮半島有事の際の日本の安全保障上の問題点を指摘された。（中略）ホワイトハウスが抱く最大の不安は、朝鮮半島にからむ情報が、日本と共有するにあたって、他に漏れる恐れがあることだった。日本の中枢、他でもない総理官邸におけるナンバー2武村官房長官から北朝鮮へ流れるのでないか、との不安だという。」

小池議員が論評の標題で「細川首相退陣の引き金は北朝鮮有事だった」としているように、北朝鮮問題に対する日米間認識の違いが細川首相退陣の引き金となっている。

（注：武村氏の経歴や政策を見るに、何が米国をして北朝鮮問題で武村氏に警戒心を持ったかは定かではない）。

### （2）クリントン政権後半における米国融和政策

クリントン大統領は基本的には冷戦終結以降形成された戦略を踏襲したが、軍事戦略には熱心でない。むしろ中国との関係緊密化をめざしている。この過程で北朝鮮政策も融和政策に変化し、これが北朝鮮のテポドン発射時期に、北朝鮮に関する日米政策の摩擦として現われる。重要なのは、この時期の対立は、強硬姿勢をとる日本と、融和政策をとる米国の対立という図式である。

### d：9・11同時多発事件後対北朝鮮強硬に転ずる米国と、北朝鮮との国交樹立を図る小泉首相との齟齬

クリントン大統領時代、米国は北朝鮮に対して融和政策をとっていたことを認識していた日本政府は若干の時差をおいて、テポドン発射事件直後の対北朝鮮強硬路線から、融和政策の模索に転ずる。これが二〇〇二年九月の小泉総理の電撃的北朝鮮訪問につながる。この訪問に先立ち、日米間では密接な協議が行われていない。

他方、米国の北朝鮮政策は、9・11同時多発事件後、クリントン大統領後半期の融和政策から一八〇度方針を転化した。ブッシュ大統領は二〇〇二年一月二九日一般教書で北朝鮮を「北朝鮮は、自国民を飢えさせる一方で、ミサイルや大量破壊兵器で武装している政権である」と位置付けた。

これにともない、米国は北朝鮮に関する軍事作戦を更新している。Global Security. Org は対北朝鮮軍事作戦OPLAN5027について次の記述をしている（筆者訳）。

「二〇〇二年二月米軍は9・11テロ攻撃を受けて、OPLAN5027を更新していると報じられている。この更新においては、金正日を排除するのに必要な対北朝鮮軍事力の行使をも含んでいる。」

さらに重要なことは、米国は日本・韓国首脳が北朝鮮と友好的話し合いを持つことに否定的態

度を示している。ヴィクター・チャは二〇〇四年から〇七年まで国家安全保障会議アジア部長を務めた朝鮮半島問題の権威であるが、彼は〇二年「ブッシュ政権の北朝鮮強硬策の全貌」(『論座六月号』)を発表しているが、この中でチャはブッシュ政権の政策について「軍事力を用いた戦闘が起こるかもしれない」としている。そして「ワシントンは韓国、日本その他の国と連携し平壌を封じ込め、金正日が兵器開発をあきらめるまで和解に応じない」とする政策を有力な選択肢とし、「日本も韓国も北朝鮮側に意味のない首脳会談路線を越えた誠意をみせる必要があることを強く認識させる上で重要な役割を担いうる」としている。チャは米国が核兵器開発停止につながらない日朝首脳会議に反対の姿勢であることを明確に示している。日本に対する極めて強い警告である。

小泉首相の訪朝は事前に米国と十分な調整をしなかっただけではない。小泉首相はイラク、イランと並びブッシュ大統領が重視する北朝鮮について、真っ向から反対する政策を実施したことになる。結果はどうなるか。手島龍一氏の「小泉訪朝　破綻した欺瞞の外交」(『文藝春秋二〇〇七年三月号』)の記述は真実に近いものだろう。

「小泉首相はここ(注:ザ・ウォルドルフ・アストリア35階のプレシデンシャル・スイート)でブッシュ大統領と向き合っていた。２００２年9月12日のことである(中略)。小泉・ブッシュの友情は、キャンプデービッド山荘の出会いから始まった(中略)。だが、この日の小泉・ブッシュ会談はどこか冷めた感じが否めない。ブッシュ大統領の表情も心なしか硬かった。

小泉は冒頭で訪朝に触れ（中略）、ブッシュ大統領の理解を求めた（中略）。

このときブッシュは、隣に座っていたパウエル国務長官に冷ややかな視線を投げた。君が応答しろ、と無言で促したのだ。パウエルが大統領の意を察して引きとった。

『われわれは、北朝鮮が核開発をいまだにあきらめていない証拠を握っています』

毅然とした物言いだった。大統領は表情を動かさない。プレシデンシャル・スイートにひんやりした空気が流れた。」

「日本も韓国も北朝鮮側に意味のない首脳会談路線を越えた誠意をみせる必要があることを強く認識させる上で重要な役割を担いうる」として、核開発阻止につながらない日本・北朝鮮間首脳会談に反対するというチャの予測どおりの展開となった。小泉首相は米国がこんなに激しい反応を見せるとは思っていなかったに違いない。しかし、米国の変化を学んでいれば、当然予測出来る結果であった。

小泉首相の外交姿勢の一つが緊密な米国との関係維持である。小泉首相はブッシュ大統領の意に反する形で北朝鮮訪問を行った代償として、その北朝鮮外交を貫徹できない。さらに、この後、他の分野で、密接な対米路線を打ち出す必要が出てくる。同時に、拉致問題を中心に北朝鮮に対して安易な妥協をするべきではないと主張した安倍晋三官房副長官は、米国関係者の中で評価を高めていく。

## 3　北朝鮮の核兵器問題にどう対応するか

### (1) 北朝鮮が核兵器を開発する最大の理由は何か

米国は広島、長崎に原爆を投下した。

トルーマンは一九四五年四月から一九五三年一月まで米国大統領で、日本と深く関わる。彼は著書、『トルーマン回顧録』（恒文社、一九六六年）の中で次のように記している。

・陸軍の計画では、一九四五年の秋、日本本土の最南端にある九州に上陸作戦を行うことになっていた。さらにこの第一期上陸作戦の後、約四か月をおいて、第二次の上陸作戦を行う。結論として、日本を完全に屈服させるために、一九四六年末までかかるものと思われるというものであった。これは恐るべき想定であり、我々全てが、戦闘は激しく、損失は大きいだろうという点で一致した意見をもっていた。マーシャル将軍は、敵本土に上陸して屈服させれば、五〇万の米国国民の生命を犠牲にすると語った。

・当時、私が考えていた事は、如何に早く太平洋戦争を片づけるかという事だった。

・沖縄と硫黄島は敵の守備が厳しく、我が将兵の損害も甚大。本土に近づくほど、敵が死物狂いの抵抗をすることを知っていた。

今日米国においては、①日本を降伏させる必要があった、②日本本土上陸作戦を実施すれば極めて多数の米国兵が死ぬ、③それを避けるためには原爆投下は正当化される、というものである。

そのことは軍事作戦で人的被害が大きい時には核兵器の使用は許されるという論につながる。米軍は朝鮮戦争でも、ベトナム戦争でも核兵器の使用を考えている。つまり、北朝鮮にとって核兵器で攻撃される可能性は決して、絵空事ではない。そしてこの状況は二一世紀になっても変わらない。

二〇〇五年五月一五日付ワシントン・ポスト紙は、ウイリアム・アーキンの記事を掲載し、「〇三年一月の米大統領命令に基づき、イラン、北朝鮮等の脅威が緊急的である状況を踏まえ、イラン、北朝鮮の核関連施設を破棄する目的で米国核兵器の使用を許可する軍事計画CONPLAN8022が作成された」と報じた。

二〇〇七年九月、ロンドン大学東洋アフリカ研究学院（SOAS）は、イラン問題に関するセミナーを開催し、ここで〝イランとの戦争を考察する（Considering a war with Iran)〟と題するダン・プレッシュSOAS国際問題センター長論文が提示された。

「米国の国家安全保障戦略、核使用ドクトリン、戦争プランのいずれも、司令官が大統領に核使用権限を要請できるとしている。

現在の米国軍事指令書は〝軍事作戦実施中、通常兵器で目的が達成できないときには、目的達成のため核使用は許可する〟とされている。

二〇〇三年、戦略指揮（STRATCOM：米国防省内にあって核兵器を管理する司令部）に課せられた新たな作戦計画CONPLAN8022において、危機時、先制核攻撃を想定している。CONPLAN8022では北朝鮮、イラン、シリア等が対象である。

二〇〇四年春、ラムズフェルド国防長官は〝CONPLAN8022を常に実施できるように〟との緊急指令を発出した。これに基づき、米空軍及び海軍は大統領の指示があれば攻撃できる態勢を作った。」

マコーマックの『北朝鮮をどう考えるのか』（平凡社、二〇〇四年）を参照してみよう。

「米国にとり北朝鮮の核は過去一〇年間ほど主要な問題であったが、北朝鮮にとっては米国の核の脅威は過去五〇年絶えず続いてきた問題であった。

核時代にあって、北朝鮮の独特な点はどんな国よりも長く核の脅威に常に向き合い、その影に生きてきた。朝鮮戦争のときには核による殲滅《せんめつ》から紙一重で免れた。米軍はその後核弾道弾や地雷、ミサイルを持ち込んだ。一九九一年核弾道弾が韓国から撤収されても、米軍は北朝鮮を標的とするミサイル演習を続けた。北朝鮮では核の脅威がなくならなかった。何十年も核の脅威と向き合ってきた北朝鮮が、機会があれば『抑止力』を開発しようと考えるのは驚くことではない。」

米国が北朝鮮に対して「核兵器での攻撃は行わない」という確証を与えない状況下では、北朝鮮が核兵器開発を行うのは軍事的選択では決して非合理的判断ではない。

## （2）中小国が核兵器を保有した時、どのように対処すべきか、キッシンジャーの理論

キッシンジャー（一九二三年―）は、ニクソン政権およびフォード政権期の国家安全保障問題担当大統領補佐官、国務長官を歴任し、第二次大戦以降、米国の安全保障政策で最も影響のあった人物と言える。

キッシンジャー著『核兵器と外交政策』は一九五七年に出版された本ではあるが、核戦略を考察した代表的著作である。この中でキッシンジャーは、核兵器と外交の関係につき次のように述べている。

・核保有国間の戦争は中小国家であっても、核兵器の使用につながる。

・核兵器を有する国はそれを用いずして全面降伏を受け入れることはないであろう。一方でその生存が直接脅かされていると信ずるとき以外は、戦争の危険を冒す国もないとみられる。

・無条件降伏を求めないことを明らかにし、どんな紛争も国家の生存の問題を含まない枠を作ることが米国外交の仕事である。

このキッシンジャーの言を北朝鮮の核兵器開発問題に翻訳するとどうなるか。

・北朝鮮が自国に対する核兵器攻撃の可能性が残っている間は、核兵器攻撃の可能性がある限り、核兵器開発を止めるということはないであろう。核兵器攻撃を有する国はそれを用いず

して全面降伏を受け入れることはないであろう。

・従って、米国を含む西側諸国はどんな紛争も国家及び指導者の生存を脅かさない枠組みを作ることが、西側諸国の外交の仕事である。

筆者は、この理念に基づき北朝鮮に対峙すべきであると考える。

## （3）外交問題評議会会長リチャード・ハースの提言

外交問題評議会は、米国のシンクタンクで、アメリカの対外政策決定に対して著しい影響力を持つと言われている。この会長がリチャード・ハースである。彼は元国務省政策企画局長である。国務省政策企画局長はそれぞれの時代で最も識見のあるとみられる人物がこのポストについている。

彼は、「北朝鮮にどう対応するか　北朝鮮の核開発プログラムからの10の教訓（Ten Lessons from North Korea's Nuclear Program）」（「Project Syndicate 掲載 Jul 24, 2017」）を発表している。主要論点は次のようなものである。

・第一に基本的な科学的ノウハウと近代的工業能力を持つ政府は、遅かれ早かれ開発に成功する可能性が高い。該当する技術は広く利用が可能である。

・第二に外部からの支援は抑制することはできるが、閉ざすことは出来ない。利益が生み出せる時にブラック・マーケットはいつでも存在する。特定の国はこうした市場を手助けする。
・第三に経済制裁が達成できることには制約がある。制裁は核兵器開発費用を増加させるが、歴史を見れば特定国がその獲得が十分価値あると判断すれば、その国家は相当額を払う用意がある。
インドの核開発の例を見れば、特定国の開発の現実を受け入れたり、他の目的を追求する際には、この制裁は消滅する。
・第四に諸政府は常に国際的視点を最重視するわけではない。中国は核拡散を望まない。だが中国は分断された朝鮮半島を望み、北朝鮮がバッファーとして機能することを望んでいる。米国はパキスタンの核兵器開発に反対であったが、アフガニスタンでのパキスタンの協力を望んだので、行動（制裁）は緩やかだった。
・第五に核兵器が使用されて約七五年、依然核兵器は価値あるものとみなされ、それは威信のためではなく、（核兵器を持つことが自国の安全を高めるという）安全保障の観点に基づくものである。
そのような判断をイスラエルが行った。

ウクライナ、リビア、イラクは米の圧力などで核兵器をあきらめたが、結果、攻撃された。

北朝鮮はこうした運命を避けてきた。
・第六にＮＰＴは不十分である。ＮＰＴは自発的協定である。

・第七に最近の国連総会での核兵器禁止などの新たな外交努力は目立った効果を持っていない。
・第八に核兵器拡散に反対するという明確な基準はあるが、特定国が核兵器を開発しようとした場合どうするかについての明確な基準はない。
・第九に核拡散に対応する他の手段は時の経過と共に、悪化している。一九九〇年代初め、米国は軍事使用を考えたが、朝鮮戦争を引き起こす可能性から止めとなった。状況は改善されず、使用すべき軍事力はより大きく、成功の見通しはより不透明となった。（注：今日でも対北朝鮮攻撃を行えば、北朝鮮の報復によってソウルで多大な死者が出ると想定されている）
・最後に全ての問題が解決されるというものではない。幾つかの問題は管理できるだけである。イランが核兵器をいつの日か開発するのでないかという問題に結論を出すのは早すぎる。二〇一五年合意はこの危険を遅らせはしたが、排除はしていない。北朝鮮に対しても同様である。こうした危機を管理することは満足できるものではないが、多くの場合それが望みうる最大のものである。

## （4）私の北朝鮮問題を考える10のポイント

a：第二次大戦以降の国際社会の基本は国連憲章に集約されている。

第二条1．この機構は、そのすべての加盟国の主権平等の原則に基礎をおいている。
3．すべての加盟国は、その国際紛争を平和的手段によって国際の平和及び安全並びに正義を危うくしないように解決しなければならない。
4．すべての加盟国は、武力による威嚇又は武力の行使を慎まなければならない。
第五一条　国際連合加盟国に対して武力攻撃が発生した場合には、個別的又は集団的自衛の固有の権利を害するものではない。
第二次大戦以降戦闘は、①領土問題、②国内の内乱の発展、③米国が行う民主化のための戦争以外ない。戦争は国家にプラスをもたらさない。

**b：中小国の核保有国には、キッシンジャーの論が適用される。**

核戦略論の古典的本がキッシンジャー著『核兵器と外交戦略』である。彼は次のように記載した。

第一原則：核兵器を有する国は、それを用いずして全面降伏を受け入れることはないであろう。
第二原則：一方で、その生存が直接脅かされていると信ずるとき以外は、戦争の危険を冒す国もないとみられる。
第三原則：無条件降伏を求めないことを明らかにし、どんな紛争も国家の生存の問題を含まない枠を作ることが、米国外交の仕事である。
北朝鮮のような国が、他国より攻撃をうけていないのに他国を核兵器で攻撃すれば、その国は確実に米国等国際社会によって破壊される。他方、自分の国が軍事攻撃によって破壊される時には確実に、攻撃する国々に核兵器の使用を行う。こうした状況であれば、北朝鮮のような国には「政権、指導者を軍事的に抹殺することはない」と確証を与え、核問題を管理しようというものである。

この考え方は昨日、今日に突然出てきたものでなく、普遍的正当性を持つ。

**c：安倍首相は北朝鮮のミサイル実験について「国難」と言っているが、現在北朝鮮が発射しているミサイルは、米国を射程に入れようとするもので、日本向けではない。**

北朝鮮のミサイルが「襟裳岬沖二〇〇〇キロ」ということで大騒ぎをしたが、二〇〇〇キロというものの持つ意味を考えてみよう。二〇〇〇キロは東京と北京、ドイツとアンカラである。

**d：ミサイル防衛は不可能である。**

ミサイルを迎撃するには、発射の捕獲、その後の飛行の捕獲を行い、軌道計算をするのが必須である。先ず、日本向けの可能なミサイルにノドンがあるが、これは二〇〇—三〇〇発実戦配備されていると言われている。これへの監視体制はない。ミサイル確認は多くの場合、光学監視システムを利用している。夜中に発射すれば機能しない。発射後、途中でミサイルを察知することもできない。かつ、相手国が政治・経済・社会の重要拠点を攻撃する時にはどこに落下させる予定であるかの正確な着地点が解らない。これが解らなければ、ミサイルの軌道計算が出来ない。軌道計算が出来なければ、迎撃できない。

ＰＡＣ３迎撃ミサイルの速度はマッハ五（秒速一八〇〇メートル）、ミサイル落下時は二〇〇〇

―三〇〇〇メートル。遅いPAC3でより速いミサイルをどうして打ち落とせるか。

PAC3の射程は一五キロ。上に向かって撃つのであるから守っている地域はせいぜい半径二―三キロ。

ありえないが、かりに命中した時、北朝鮮のミサイルと、PAC3の残骸はどうなるのか。ばらばらに落ちてくる。被害はミサイル単体の落下より大きい。

(五〇〇キロメートル上空のミサイルを打ち落とすことを考えて見よう。五〇〇キロ上空に迎撃ミサイルが到達したとして、PAC3クラスの速度は秒速一・八キロでる。他方弾道ミサイルの速度は秒速二―三キロである。Aという地点にいるミサイルをめがけて撃ったとしよう。迎撃ミサイルがA点に到達する間に少なくとも五〇〇キロ以上離れた地点に移動している。この地点がどこであるかを三次元で予測することはありえない。)

**e：日本向けノドンは先制攻撃で排除できない。**

日本を射程に収めているノドンは何年も前から、二〇〇―三〇〇基が配備されている。

これは移動式であったり、山の中に配備されたりで、先制攻撃によってこれらを排除できない。したがって、数発排除に成功したところで、同時に全てを排除することはできない。これを排除する軍事行動は、膨大な数での報復攻撃をうける。

**f：アラート・システムは機能しない。**

ノドンの発射を把握できないのであるから、日本向けの警報システムは実質ない。上記に述べたように、監視は多くの場合、光学監視システムを利用している。夜中に発射すれば機能しない。

**g：北朝鮮のミサイル開発、核兵器開発を阻止することは、国連決議、経済制裁などでは機能しない。**

今までどれだけの制裁措置が取られたか。開発はどんどん進んでいる。

今日、日本が出来る制裁措置で、北朝鮮が「困った。これを受けるなら開発を止めよう」と思うものは何もない。米国も同じだ。

**h：過去米国は核兵器開発、ミサイル開発を止めるために、何故先制攻撃を行わなかったのか。**

先制攻撃があれば、北朝鮮は当然、報復攻撃を韓国に行う。その被害があまりに大きい。だからできなかった。その状況は今日も変わらない。この点はトランプ政権で戦略担当を行っていたバノンが離任直前に発言している。

**i：朝鮮のミサイル開発、核兵器開発を阻止することを考えるには、何故北朝鮮が開発をするかを考えて見る必要がある。**

北朝鮮は、米国等が北の体制、指導者を軍事行動で破壊しようとするのを抑止するために、ミサイル、核開発をしているとみるのが自然である。だとすれば、開発を阻止できる道は、西側諸国が、「北の体制、指導者を軍事行動で破壊しない」ことを確約することにある。しかし、米国はその約束をしないだけではなく、逆に、体制を崩壊させる、指導者を抹殺することを目的の一つとして、米韓軍事演習をしている。これが続く限り、北朝鮮はミサイル開発、核兵器開発を行う。

**j：米国としては、緊張を高めることが、国内的、国際的に有利である。**

先ず日本は膨大な軍事予算を持つ。その武器の多くは米国からの購入となる。日本は北朝鮮で米国に守ってもらっているから、その分米国に貢献しなければならないとして、集団的自衛権で自衛隊を海外展開させる、北朝鮮の脅威は、米軍が日本国土の基地利用にもプラスに働く。韓国は経済的に中国に接近する可能性が高いが、北朝鮮の脅威が続く限り、この接近の歯止めになる。トランプ政権は支持率低下の中にある。危機時には大統領の下に結集すべきだとの論が成立する。

安倍政権にとっては、内閣支持率が高まる中、安倍批判を減少できる。

**k：金正恩としては、自国に軍事行動されないのであれば、ミサイル実験は、「圧力の下に断行。わが政権は強い」と国威高揚上プラスとみている。**

アイゼンハワーは第二次大戦中、欧州戦線の連合国軍最高司令官であった。米国で最も尊敬された軍人と言っていい。その彼は大統領を辞める時に異例の国民への呼びかけを行った。（すでに紹介したことであるが）主要論点を見てみたい。

「・三五〇〇万人の男女が防衛部門に直接雇用されています。私たちは、アメリカのすべての会社の純収入よりも多いお金を毎年軍事に費やします。

・軍産複合体による不当な影響力の獲得を排除しなければなりません。誤って与えられた権力の出現がもたらすかも知れない悲劇の可能性は存在し、また存在し続けるでしょう。」

「悲劇の可能性」は、無意味な戦争に入っていくことを意味している。そして、アイゼンハワーの懸念通り、米国はその後ずっと戦争を続けている。その主たる要因は軍需産業に利益をもたらすためである。

このことを北朝鮮問題の緊張との関係で見てみよう。

毎日新聞二〇一七年九月二六日は次の報道をした。

「北朝鮮特需」に沸く米軍産複合体　米上院、政府案を六〇〇億ドルも上回る国防権限法案を可決、米国防産業が〝北朝鮮特需〟に沸いている。米上院は、二〇一八会計年度の国防予算の大枠を決める国防権限法案を八九対九の圧倒的な賛成多数で可決。予算規模は総額約七〇〇〇億ドル（約七七兆円）で、政府案を約六〇〇億ドルも上回った。北朝鮮が開発を急ぐ核・弾道ミサイルに備える予算などが上積みされた。主要軍事産業の株価も上伸を続け、軍産複合体が北朝鮮情勢の恩恵を受けているとの声も出ている。

軍の再建を掲げるトランプ政権は今年五月、前年度比一割増の約六四〇〇億ドルの国防予算案を議会に提出。だがマケイン上院軍事委員長らが北朝鮮を含む〝現状の脅威に対応するには不十分〟と主張し、議会側がさらに増額した。」

北朝鮮問題の緊張は軍需産業だけでなく、米国は、日本関係でも利益を得られる。緊張を強化することによって、日本国内に「日本の安全は米軍に依存しなければならない」との空気を作れる。それによって米国は日本を次の方向に誘導することが出来る。

①憲法を改正し、集団的自衛権を一段と強化し、自衛隊を米国の戦略のために海外に派遣し、時によっては戦闘もさせる。
②日本の軍事費を増大させ、米国製の兵器を日本に買わせ、それを米国の戦略に役立たせる。
③在日米軍基地を強化する。

## 4　朝鮮半島と日本の平和のために何をすべきか

### （1）過去の動きの総括

これまで、朝鮮戦争時から今日に至るまでの北朝鮮をめぐる動きを見てきた。

北朝鮮は世界各地に比し、圧倒的に強い緊張を強いられる地点であった。最初は冷戦の最前線。第二は、冷戦終結後、米国がイラン、イラク、北朝鮮を危険な国と位置づけ、それを基本に米国の強固な国防体制を維持。つまりここには和平を目指す動きの入る余地がほとんどない。

今日の北朝鮮をめぐる動きは依然この二重の圧力がかかっている。共産国家として脅威を与える国―北朝鮮、大量破壊兵器を有し、これを有して国際秩序を壊す国―北朝鮮。

こうした中で、和平を求める動きは逆行するとして抑圧されることとなる。その最たるものは、日本でいえば、北朝鮮との国交を樹立しようとする動きであろう。

金丸信は一九九〇年九月、「金丸訪朝団団長として訪朝。一九九二年八月、「朝日新聞」の報道により東京佐川急便から五億円のヤミ献金が発覚。同年八月二七日に自民党本部で緊急記者会見を行い、副総裁職の辞任を表明。

小泉首相の訪朝。米国側の反発により、急遽方針転換。この時期、桜井よしこ氏は「金丸氏や小泉首相のように、個人的思いつきのレベルで外交を行うことには、断じて反対である。両氏に外交についての識見や綿密な戦術も長期の戦略もあるとは思えない」と批判（出典：『週刊新潮』二〇〇四年六月三日号）。

細川政権時、米側は武村官房長官の排除を要請。その理由が北朝鮮との接点と言われている。韓国においては、北朝鮮との関係を強化しようと主張した人物の失脚は、相当あるものと推定される。

## （2）米国が主導権を握る時代の後退

こうした流れはどのような時に変化するか。

①米国が超大国としての地位が揺らぐ時

②米国の戦略の優先順位が変わる時

①の米国が超大国としての地位が揺らぐ時を見てみよう。実はこの動きは我々の一般に抱いている以上の速度で進んでいる。

世界最大の情報機関ＣＩＡは「The World Factbook」というサイトを持っている。ここに「Guide to Country Comparisons（国別比較への案内）」というコーナーがあり、さらに「economy（経済）、次いで「GDP (purchasing power parity)（ＧＤＰ、購買力平価）があり、これを見ると次の順位となっている。

一位：中国、23・2兆ドル、二位：米国19・5兆ドル、三位：インド9・5兆ドル、四位：日本5・4兆ドル、五位：ドイツ4・2兆ドル、六位：ロシア4・0兆ドル、七位：インドネシア3・3兆ドル、八位：ブラジル3・2兆ドル、九位：英国2・9兆ドル、一〇位：フランス2・9兆ドル。

購買力平価を基準値としているのは「自国通貨と外国通貨で同じものを購入できる比率によって為替レートを決定するという考え方のことです。たとえば、世界共通の商品であるマクドナルドのハンバーガーを、それぞれの国で同じ程度の負担で購入できる比率に為替レートは調整されるべきであるといった考え方があります」という考えに基づいている。

ここでは中国は米国を抜いている。

さらに、いわゆる先進国首脳会議を構成している国の合計は、38・6兆ドル、非先進国会議国合計は39・5兆ドルである。最早、経済で見れば米国が主流ではない。

将来を左右するのは技術である。今代表的技術は5Gであるが、「5G declared patent families」というカテゴリーの数を見てみたい。

ファーウェイ（中国）2160、ノキア（フィンランド）1516、ZTE（中国）1424、LG（韓国）1359、サムスン（韓国）1353、エリクソン（スウェーデン）1058、クアルコム（米国）921、シャープ（日本）660、インテル（米国）618、CATT（中国電信科学技術研究院）552、などとなっている。

米国は相対的地位の低下で、その戦略は変わらざるを得ない。

トランプ大統領という特異の人物の登場で、彼の政策は個人の突出したものとみられるが、米国国民の意向を反映したものである。トランプ大統領の「Make America Great Again」の主なる方向は国内である。

NBCとウォールストリート・ジャーナルが二〇一九年四月に行った「連邦政府は何を優先すべきか」の世論調査結果は次のようになる。

保険制度二四%、移民・国境防衛一八%、雇用・経済一四%、安全保障・テロ一一%、景気変動一一%。

北朝鮮に関する世論調査は二〇一九年にはほとんど実施されておらず（そのこと自体、関心度合いが低いことを意味する）、二〇一八年実施の中で幾つかを見てみたい。

「北朝鮮は核兵器を諦めるか（"Do you think that North Korea will ever give up their nuclear weapons, or not?")」(Quinnipiac University Poll. June14-17,2018)では、諦めるが二六%、諦めないが五九%である。

さらに「"Do you think the United States will be able to resolve the situation with North Korea diplomatically, or will the United States need to use military force to resolve the situation with North Korea?"（外交的に解決できるか、米国は情勢を解決するのに軍事力を使うべきか）」の問いに、「外交的に解決できる」が六五%、「軍事力を使うべし」が一六%である。

ここから見えるのは、北朝鮮が核兵器開発を止めるとは見ておらず、それでも軍事力の使用に消極的であることである。

こうした状況を見ると、米国が北朝鮮を敵視していく姿勢は弱まっていくとみられる。このことは、朝鮮半島の問題において、北朝鮮、韓国、中国、日本が従来以上に積極的に動ける可能性を示している。

## (3) 日韓が東アジアの安定に何をするか

東アジア諸国が主体となって北朝鮮を含む和平を促進する際には、日韓関係の改善は不可欠である。しかし、それは容易ではない。

今日、西側先進国にナショナリズムが勢いを増している。それはグローバリズムの進行と関係がある。グローバリズムの進行により、生産拠点は、①労働賃金の安い国、②大きい市場を持つ国、つまり人口の多い地域に移転する。アジアでいえば、米国↓日本↓韓国・台湾↓中国、ベトナム、インドネシアという動きである。

かつ今日のグローバリズムの一つの特性として、富める者はより富み、貧しい者はより貧しくなる。そしてこの貧しい層が人口的に圧倒的に多い。本来であれば、この層は「富める者はより富み、貧しい者はより貧しくなる」政策の変更を求めるのが自然ではあるが、政権当事者はナショナリズム、対外強硬論を煽り、政権の政策批判に向かわせないようにしている。

この状況下、現在、日韓関係は、従軍慰安婦問題、徴用工問題で、戦後最低の一つとなっている。これは、日韓関係の法的側面について、今日の日本は十分に情勢を把握していないことにもよる。

次に「現在の徴用工問題をどう理解するか」「将来の日韓関係への提言」を示したい。

**a：「現在の徴用工問題をどう理解するか」**

（a）一九六五年日本と韓国で締結された「財産及び請求権に関する問題の解決並びに経済協力に関する日本国と大韓民国との間の協定の第二条には「両締約国は、両締約国及びその国民（法人を含む）の財産、権利及び利益並びに両締約国及びその国民の間の請求権に関する問題が、一九五一年九月八日にサンフランシスコ市で署名された日本国との平和条約第四条（a）に規定されたものを含めて、完全かつ最終的に解決されたこととなることを確認する」とある。

したがって、安倍首相は、個人を含め請求権は、「完全かつ最終的に解決された」から、「韓国国民が韓国の裁判所に訴え、損害賠償を日本企業から得るような判決を下したのは条約違反だから、国際約束を守れ」と主張している。

そしてこの説明は日本国民に支持され、「韓国けしからん」になっている。

（b）だが、「日韓請求権並びに経済協力協定」の締結の後、国際社会には新たな動きが出た。それは国際人権規約の締結である。一九六六年一二月一六日に国際連合総会で締結された。日本は一九七九年に批准している。当然、日本はこれを守る義務がある。

この国際人権規約は経済的、社会的及び文化的権利に関する国際規約（社会権規約、A規約）、市民的及び政治的権利に関する国際規約（自由権規約、B規約）の二つからなる。

ここで問題になるのは、「自由権規約、B規約」である。この第二条に次がある。

第二条3　この規約の各締約国は、次のことを約束する。…(3)この規約において認められる権利又は自由を侵害された者が、公的資格で行動する者によりその侵害が行われた場合にも、効果的な救済措置を受けることを確保すること。

これを徴用工問題に当てはめてみよう。

「この規約において認められる権利又は自由を侵害された者」つまり徴用工は、「公的資格で行動する者によりその侵害が行われた場合にも、」つまり、「日韓請求権並びに経済協力協定」で、「完全かつ最終的に解決された」場合、つまり個人の請求権がないとされた場合でも、「効果的な救済措置を受けることを確保すること」が求められている。徴用工で被害を受けたことが正当であると判断された者が、韓国裁判所に救済を求めることは、国際人権規約で当然認められたことである。

（c）このことは日本の裁判官にも認識されていた。

一九七二年の日中共同声明は「五：中華人民共和国政府は、中日両国国民の友好のために、日本国に対する戦争賠償の請求を放棄することを宣言する」とある。

しかし二〇〇七年の最高裁判決は、中国人の強制連行に関し、個人の賠償請求権は、日中共同声明では「請求権を実体的に消滅させることまで意味するものではなく、当該請求権に基づいて請求する機能を失わせるにとどまる」と、個人の請求権の存在を認め、日本企業が自発的に賠償するのは問題ないとし、むしろそうすべきであるという判決を出した。同判決をうけて、西松建設、三菱マテリアル等は、原告やそれ以外の被害者とも和解して和解金を払った。

西松建設の件では、〇四年七月の広島高裁の控訴審判決で「外国人の加害企業によって被害を受けた者が、個人として加害行為に対して有する損害賠償権は固有の権利であって、他の国家との条約を以て放棄させることはできず、日中政府合意第5項に明記されていない同国国民個人の有する損害賠償請求権の放棄まで含むものではない」として、西松建設に一人当たり五五〇万円の支払いを命じている。

しばしば「日韓請求権並びに経済協力協定」は一九六五年に合意され、国際人権規約はその後にできたではないか」と指摘する人がいる。それはまさに「公的資格で行動する者によりその侵害が行われた場合」という表現の対象となる。

（d）国際人権規約の精神を受け入れ、各国は様々な政治的行動をとっている。

ドイツでは、国に賠償するのではなく、強制動員に対する労働者への被害補償として、二〇〇〇年八月にドイツ政府と六四〇〇社のドイツ企業が「記憶・責任・未来」基金を創設して、これまでに一六六万人以上に対して、約四四億ユーロ（約七二〇〇億円）を賠償している。

国際人権規約をはじめとする国際人権法が確立した後、世界各国では過去にそれぞれの国が行った国際人権規約に違反する行為についての救済措置がとられ、オーストラリア、カナダ、ニュージーランド、アメリカでは先住民族に対する謝罪や補償が行われた。アメリカは第二次大戦中に日系アメリカ人に対して行った隔離政策を謝罪し、補償した。

（e）こうしたことを考える時、韓国は国際法を守れという言葉はいかに虚偽であるか。その責任は発言する安倍首相のみならず、安倍首相に十分説明ができなかった外務省の責任でもある。

（注：本項目は、元日本弁護士会会長宇都宮健児氏、元外務省条約局国際協定課長浅井基文氏の発言を基礎としている）

**b：「日韓関係の在り様に関する緊急提言」**

本提言は二〇一九年八月韓国学者、報道関係者との会合に提出したものである。

・今日、日韓関係は極めて悪化している。

・その根本問題をみるに、日韓関係を律する基本的基盤に関し、日韓の立場に大きい隔たりがあることに起因する。

安倍政権は、「財産及び請求権に関する問題の解決並びに経済協力に関する日本国と大韓民国との間の協定」第二条において、「両国は請求権問題が完全かつ最終的に解決されたこととなることを確認する」との文言があることに着目し、この立場を維持すべきと主張している。

・一九六五年の日本と韓国の合意は、当時の日韓間の圧倒的格差と、韓国の経済発展のために日本の経済支援を強く求めた朴政権という特殊な環境の下で作成されたものであり、今日、韓国の中で、この関係を見直すべきという機運が出ることは十分理解しうる。

・その後の日韓関係を見ると、日本政府は上記の立場と異なった姿勢を打ち出している。

・河野官房長官は一九九三年、従軍慰安婦の問題に次の立場を表明している。

「われわれはこのような歴史の真実を回避することなく、むしろこれを歴史の教訓として直視していきたい。われわれは、歴史研究、歴史教育を通じて、このような問題を永く記憶にとどめ、同じ過ちを決して繰り返さないという固い決意を改めて表明する。

なお、本問題については、本邦において訴訟が提起されており、また、国際的にも関心が寄せられており、政府としても、今後とも、民間の研究を含め、十分に関心を払って参りたい。」

・村山首相は一九九五年次の村山談話を述べた。

「わが国は、遠くない過去の一時期、国策を誤り、戦争への道を歩んで国民を存亡の危機に陥れ、植民地支配と侵略によって、多くの国々、とりわけアジア諸国の人々に対して多大の損害と苦痛を与えました。私は、未来に誤ち無からしめんとするが故に、疑うべくもないこの歴史の事実を謙虚に受け止め、ここにあらためて痛切な反省の意を表し、心からのお詫びの気持ちを表明いたします。」

「また、現在取り組んでいる戦後処理問題についても、わが国とこれらの国々との信頼関係を一層強化するため、私は、ひき続き誠実に対応してまいります。」

したがって、一九六五年の日韓基本条約に代わる「日韓の新たな未来を構築するための行動宣言」（仮章）を作成することを提言する。

○この宣言には、河野談話、村山談話の精神を入れたものとする。

○被害者と加害者の場合、加害者はともすると被害者の痛みを十分に理解しないことが生ずるので、この「日韓行動宣言」の作成には韓国側が積極的にイニシアティブをとることとする。

○過去の反省は、当然、将来緊密な両国関係を構築する土台とするものである。

したがって、この宣言においては、未来の関係の在り様について積極的に言及するものとする。

その際、欧州においてはドイツ、フランスが「お互いの憎しみ合いから協力による利益の確認」に移行した経験に配慮する。併せてASEAN諸国が協力によって、域内の紛争をなくしていった状況に配慮する。

また領土問題は感情的高まりを誘発する可能性があるので、その処理に世界の経験を学ぶ努力をする。具体的にはアルサス・ロレーヌ地方の処理（ヨーロ・リージョン）、南極条約を学ぶ。
○当然、現在の安倍政権はこれを受容すると思われないが、こうした宣言を持つことは両国国民にあるべき方向を示し、将来これを重視する政権が出ることを期待する。
○考察にあたっては、日韓以外の第三国の有識者の参加を求める。
○鳩山元首相もこうした宣言の考察に参加すると思う。

## 5　最後に

ここまで第二次大戦後から今日まで朝鮮半島を含む東アジアの安全保障環境について見てきた。日本の安全保障政策は唯一の超大国米国に大きく左右されたが、米国の相対的力の低下とともに、東アジアの人々が自ら平和を構築出来うる時に移行しつつある。

# 第三章　日韓関係と安倍晋三長期政権
## ――植民地支配と侵略戦争の歴史的責任

小森　陽一

## はじめに

アメリカのアジアにおける軍事的戦略にとって不可欠な、日本と大韓民国（以下「韓国」と略記）の間で結ばれている「日韓軍事情報包括保護協定」（ＧＳＯＭＩＡ）について、二〇一九年一一月二二日、韓国大統領府は、「いつでも効力を終了できるという条件付きで、二三日午前〇時に迫っていた終了通告の効力を停止する」ことを発表した。

米日韓の東アジアにおける、朝鮮戦争以来の軍事的連携関係の象徴であるＧＳＯＭＩＡは継続されることになった。

ＧＳＯＭＩＡをめぐる事態の発端は、日本政府が二〇一九年八月に「安全保障上の懸念」を理由に、輸出管理の上で優遇していた対象国から、韓国を除外したことである。これに対して韓国側は「両国間の安保協力環境に重大な変化をもたらした」として、日韓ＧＳＯＭＩＡの終了を日本に通告して来た。これに対して一一月一九日の段階で、韓国の文在寅《ムンジェイン》大統領は「協定終了の事態を避けられるなら、最後の瞬間まで日本と努力する」と述べていた。

二〇一六年一一月に締結された日韓ＧＳＯＭＩＡは、朝鮮民主主義人民共和国（以下「北朝鮮」と略記）の弾道ミサイルの発射地点に近い韓国と、落下地点に近い日本が、ミサイルをはじめとする情報を共有し、アメリカが主導する「ミサイル防衛」態勢を強化するため、アメリカ側の要求に則して、北朝鮮はもとより中国やロシアを考慮に入れた、軍事的優位を確立するために締結された条約である。

## 1　アメリカ側の強い働きかけ

ＧＳＯＭＩＡは、東アジアにおいてアメリカが中国、ロシアに対抗する軍事的戦略上、きわめて重要な協定である。一一月一四日から一五日にかけて、ミリー統合参謀本部議長、エスパー国防長官が相次いで訪韓し、韓国政府首脳の説得にあたった。さらにアメリカ上院は二一日に、Ｇ

SOMIAの重要性を訴える決議案を可決した。決議で「弾道ミサイル発射など北朝鮮の挑発行為が増加する中、GSOMIAの失効は、米国の国家安全保障を直接害する」と指摘されていることからも明らかなように、GSOMIAはインド洋と太平洋における、アメリカ合衆国軍の軍事的派遣を維持強化するためのシステムなのである。

同じ二一日、スティルウェル米国務次官補やナッパー米国務副次官補が、日本の外務省の幹部と協議を行った。これは主要二〇カ国・地域（G20）外相会合の機会を利用して、日本側を説得するためであった。アメリカ側は、日本と韓国との対話を促進する機会をつくり、韓国にGSOMIA破棄を思いとどまらせるよう、あらゆる手段を使って働きかけを行ったことになる。

GSOMIA失効回避を受け、二二日リッシュ上院外交委員長は「韓国の賢明な判断に勇気づけられた」という声明を発表した。

茂木敏光外相と韓国の康京和《カンギョンファ》（外交部長官）は、韓国側がGSOMIA継続を発表したことを受け、二三日の午後に文在寅大統領と安倍晋三首相との首脳会談を行う方向で調整していくことを確認し合った。これは中国の成都で開催される日中韓首脳会談に合わせての計画である。二〇一八年九月以来途絶えていた両国の首脳会談が復活する合意が外相間で交わされたことになる。この期間にこそ、問題の重要な本質がある。

## 2　元徴用工への賠償をめぐる韓国大法院判決

米日韓の軍事協力態勢をゆるがしかねない深刻な対立と混乱を、日韓関係にもたらした問題の根幹には、かつての大日本帝国による韓半島の植民地支配をめぐる、歴史的責任が存在していることを忘れてはならない。二〇一八年一〇月韓国大法院が、元徴用工への賠償金支払いを日本企業に命じる判決を出したことが、深刻な日韓対立の契機となったのである。

これに対して、日本の安倍晋三政権はただちに強く反発した。安倍首相が「国際法上ありえない判決である」と非難し、当時の河野太郎外相は「日本と韓国の国交の法的基盤を毀損する判決である」とまで断定したのである。そしてマスメディアにおいても、この大法院判決が「日韓請求権協定」で解決済みなのだから、「国際法違反」だという報道がなされていった。

さらに安倍政権は、この判決に対抗する措置として、輸出管理上の優遇対象国から、韓国を除外する決定をした。これに対して韓国側が八月二三日にＧＳＯＭＩＡの終了を打ち切る方針を決めたのであった。

したがって、この対立状況を根本的に解決する出発点は、いわゆる「徴用工」問題である。二〇一九年七月の日本側の輸出規制強化の際の理由として、徴用工問題と結びつけて、韓国は「約束を守らない国」だから「信用できない」としていたのである。しかも報復と意味づけられることを嫌がって「安全保障に関連する措置」だと言い張って来たのだ。

安倍政権が協調する「日韓請求権協定」は、安倍晋三の母方の祖父岸信介の実弟である佐藤栄作政権と、朴正熙《パクチョンヒ》軍事クーデター政権の間で、一九六五年六月二二日に結ばれた。「日本国と大韓民国との間の基本関係に関する条約」と共に合意された、「財産および請求権に関する解決並びに経済協力に関する協定」のことを指している。重要なのは、「財産および請求権」だけでなく「経済協力」がセットになっている協定であることが、この間の報道で忘却されていることである。

「日韓請求権協定」によって、日本の援助で韓国の経済発展が実現したのだから、責任は果たしているかのように日本政府は表明しているが、それは事実ではない。

「日韓請求権協定」では無償三億ドル、有償二億ドルの経済協力が行われたのだが、その文面は「三億米ドルに等しい円の価値を有する日本国の生産物及び日本人の役務を無償で供与する」ことや、「二億米ドルに等しい円の額に達するまでの長期低利の貸付で、日本国の生産物及び日本人の役務を提供する」こと、そして「産業借款三億ドル」である。

安倍政権は、あたかも多額の賠償金を支払ったのだから、元徴用工の人たちへの責任は果たしたかのように言い張っているが、それは事実では無い。「日本の生産物」と「日本人の役務」の提供なのだから、日本政府からの多額の金銭は、日本の企業が請け負えば、その日本企業に還流し、大きな利益をもたらすのである。

実際にソウルの地下鉄建設工事を請け負ったのは、三井や三菱といった、旧財閥系の企業体であり、製鉄業においては、かつての植民地侵略を進めた財閥としての日本製鉄が、四社に分割された後再合併した新日鉄や三菱が担ったのである。

こうした事実をふまえれば経済協力という名目で、かつて韓半島を大日本帝国が植民地化していた時代に、徴用工に強制労働をさせていた大企業が、莫大な利益を得ることになったのである。

繰り返すが、「日韓条約」を結んだのは、岸信介の実弟である佐藤栄作政権であった。

一九六四年の東京オリンピックの開催後、それまでの国策建設景気が終わり、六五年には深刻な不況となっていた。これをアメリカがベトナム戦争を強行する中で、アメリカとベトナム周辺地域に向けての、いわば戦時輸出によって、旧財閥系大企業が設備投資を一気に増大させ、「いざなぎ景気」と呼ばれる空前の戦需好景気が現出したのである。

一九六七年二月からの第二次佐藤栄作政権は、外国資本の日本参入を防ぐために企業合併を推進（先の新日鉄がその一例）、六八年には日本の対米貿易黒字が一気に増加していくことになる。

こうした時期に、日本と韓国の民間経済協力を進めるための、「日韓協力委員会」の設立が計画されていく。一九六八年一一月に、佐藤栄作の実兄岸信介を中心とする代表団が韓国を訪れ、これを朴正煕大統領が熱烈に歓迎したのである。

岸信介は農商務省の工務局長のとき、軍部の要請を受けて、偽満州国に行き、戦時国家経済体制の実験としての、「満州開発五カ年計画」を推進した中心的経済官僚であった。そして帰国した一九三九年以後、この偽満州国での経験を基に、大日本帝国本国の戦時統制経済体制づくりの中心となっていった存在だ。

岸を出迎えた朴正煕は、一九四二年に偽満州国軍官学校から大日本帝国陸軍士官学校に進み、関東軍将校に配属された軍人である。関東軍は偽満州国支配の要となる軍事組織に他ならない。岸信介と朴正煕は、ある意味では上司と部下の関係にあり、それは宗主国と植民地の関係そのものでもある。アメリカのベトナム戦争に反対する世界的な運動の高揚と、西欧先進国の青年たちを中心に「六八年革命」が遂行されている中で、アメリカ軍の出撃基地となっている沖縄の「返還」を求める佐藤栄作首相の兄岸信介と、かつての部下であった朴正煕とが、帝国主義的植民地支配の権力関係を再顕現させたのである。

## 3　朝鮮戦争から日米安保条約改定まで

岸信介と朴正煕の関係を媒介したのがアメリカ合衆国に他ならない。一九五〇年六月二五日始まった朝鮮戦争のとき、朴正煕は韓国陸軍の情報局作戦情報課長から参謀長へと、重要な職を歴任し、一九五三年の休戦後准将となり、アメリカ陸軍砲兵学校に留学することになる。その後第五師団長、第七師団長を歴任し、少将となり、一九六〇年四月の李承晩政権を打倒した「四・

一九学生革命」の時には釜山軍需基地の司令官であった。そして翌六一年五月一九日の軍事革命の中心となり、一九六二年大統領権限代行に就任し、翌六三年軍を退役した後、民主共和党総裁として第五代大韓民国大統領に選出されていくのである。

岸信介は戦争を遂行した東条英機政権の商工大臣を一九四一年からつとめ、四三年には国務大臣と軍需次官を兼務したわけで、「太平洋戦争」を遂行する経済体制の最高指導者にほかならなかった。敗戦後はA級戦犯容疑者として逮捕されたにもかかわらず、GHQの戦後日本の支配体制に利用できると判断され、東条英機らA級戦犯が処刑された翌日、一九四八年一二月二四日のクリスマス・イブに巣鴨プリズンから釈放されたのである。

一九五〇年六月に朝鮮戦争が勃発したことに対し、ソ連が欠席した国連安全保障理事会で、アメリカは北朝鮮による国連憲章第二条違反の「侵略」だという決議をあげることに成功する。そしてアメリカ軍を中心とする「国連軍」による軍事制裁を決定した。

現在においても「国連軍」は存在していない。しかし、一九五〇年六月二五日現在、れっきとした「国連軍」、すなわち連合国軍は存在していた。第二次世界大戦の敗戦国日本を軍事占領していたのが連合国軍であり、その最高司令官がダグラス・マッカーサー元帥にほかならない。七月七日国連軍総司令部の設置が決定された。

北朝鮮軍は一気に南に進行し六月二八日にソウルを陥落させ、九月の段階ではほぼ韓国全域を軍事占領し、釜山付近に達し、韓国軍は半島の南端に押し込められていた。

マッカーサーが指揮する「国連軍」は、九月一五日と一六日に大部隊による仁川《インチョン》奇襲上陸作戦を行って、一気に反撃攻勢に出た。「国連軍」は一〇月上旬には三八度線を越えて、一九日に平壌を占領し、一部は鴨緑江の岸辺まで到達していた。一九四九年一〇月一日に建国したばかりの中華人民共和国が、「国連軍」の北朝鮮への侵入は受け入れがたいと警告していたにもかかわらず、進行を続けたのである。一一月二四日にマッカーサーは、「クリスマスまでに帰国」するための攻撃を表明した。その翌二五日中国人民解放軍の義勇軍が参戦し、「国連軍」は一二月半ばには三八度線まで押し戻されてしまった。そして年末には三八度線のところで戦線は膠着してしまった。

マッカーサーは、トルーマン大統領に、中華人民共和国沿岸部と満州の軍事基地に対する空爆の許可を得ようとしたが、トルーマン大統領はこれを却下し、マッカーサーを解任した。一九五一年七月から停戦交渉が開始され、翌五二年秋アイゼンハワーが大統領となり、核兵器使用のおどしも含めた北朝鮮、中国との交渉を行い、一九五三年七月二七日に休戦が成立し、三八度線が南北の「国境」とされたのである。

朝鮮戦争においてアメリカ軍の出撃基地とされたのは占領下の日本、中でも沖縄であった。当然戦場で使用される軍需物資のほとんどが、日本で「国連軍」に供給された。かつての大日本帝国の戦争を担った軍需産業が息を吹き返し、「朝鮮戦争特需」と言われる好景気となった。

また「陸海空軍その他の戦力はこれを保持しない」という第九条を持った、新しい「日本国憲法」

の制定をはじめとする「民主化」過程に責任を持っていたマッカーサーは、「国連軍」が韓半島に出撃した後の、日本列島の「国連軍」としての米軍基地の防衛のために、軍隊をつくることまではしなかった。アメリカ軍の基地を攻撃から防衛するだけの限られた装備を持つ、「警察予備隊」を創設するにとどめたのであった。

しかしマッカーサーが解任されてしまえば一気に縛りはなくなる。アメリカと日本の支配層は、朝鮮戦争のただ中で、アメリカ軍を主力とする「国連軍」が、毎日のように韓半島に出撃するただ中で日本を独立させれば、憲法九条があっても、国内法より国際法が優先されるのだから、日本を再軍備に導くことが可能になるのではと企図したのである。

アメリカ軍を中心とする占領軍が、占領下の日本の領土領海で何をしようと自由である。しかし独立国となれば、すべては条約で決めていかねばならなくなる。ならば、朝鮮戦争のただ中で日本を独立させてしまおうという方向が一気に定められていった。

一九五一年九月八日、サンフランシスコにおいて日本とアメリカやイギリスなど四八カ国との間で、第二次世界大戦の戦争状態を終わらせる「対日講和条約」が結ばれた。国連の安保理常任理事国であるアメリカは台湾の国民政府を承認しており、イギリスが中華人民共和国政府を承認していたために、両国とも講和会議には招請されなかった。ソ連、チェコスロバキア、ポーランドは参加はしたが、条約への署名はしなかった。それがいわゆる「片面講和」と言われたゆえんである。

サンフランシスコのオペラ座で講和条約に調印した後、吉田茂首相はただちに、アメリカとの間で旧「日米安全保障条約」を締結させられ、それにともなう行政協定によって、占領中とほとんど変わることのない特権を、アメリカ軍は日本の領土内で保持することになってしまったのである。それにともない沖縄と小笠原の施政権はアメリカに渡されてしまったのだ。そして、旧「日米安全保障条約」の前文には、アメリカ合衆国が日本に対して最低限度の自衛力を持つことを要求する再軍備要求が入れられていった。その結果、一九五二年一〇月に警察予備隊は保安隊に改組され、二年後の一九五四年七月一日に自衛隊が創設され、日本の再軍備が急速に進められていくことになった。

当然多くの国民は、日本国憲法第九条があるにもかかわらず、陸・海・空の軍事力としての自衛隊が保持できるのか、アメリカとの軍事同盟である「日米安全保障条約」を結んで良いのか、その憲法違反の軍事同盟の下で米軍基地から戦場へ出撃することを許してよいのかという、反軍、反基地の運動が全国に組織されていくことにもなった。

朝鮮戦争のただ中で結ばれたアメリカとの軍事同盟の下で、朝鮮戦争の休戦協定が成立する。こうした状況の中で、A級戦犯として逮捕されていたような戦犯容疑者たちの公職追放が解除され、岸信介は一九五三年に自由党に入り、衆議院議員に復帰する。そして翌五四年、鳩山一郎内閣を実現し、一九五五年の保守合同で自由民主党幹事長となり、一九五七年石橋湛山首相の病気退任後、岸内閣を組織するに至ったのである。

この岸信介政権の下で、それまでの米軍の日本駐留による日本防衛という「日米安保条約」の片務的な在り方を、より双務的相互防衛的な、すなわち「自衛隊」の軍事的役割を強化していく方向での「日米安保条約」の改定が、一九五八年からねらわれていったのである。日米間の公式交渉が難航する中、一九六〇年一月に「新日米安保条約」が調印されていく。

これに対し、日本をアジアにおける戦争に協力させるものだとする、野党をはじめとする幅広い国民の反対運動が組織され、新安保条約反対の署名二五〇〇万人、集会への参加者が六千万人を超える、戦後最大の運動が組織されていき、批准書交換で「新日米安保条約」が発効された六月二三日に、岸信介は退陣を表明せざるをえなくなったのである。

## 4 ベトナム戦争と「日韓条約」体制

第二次世界大戦後の政治的かつ軍事的な対立は、ヨーロッパにおける核兵器による〝東西冷戦〟に対して、アジアにおいては、通常兵器による〝南北熱戦〟であったことを改めて思い返しておく必要がある。大日本帝国の敗戦後、インドシナにおける支配権を回復しようとしたかつての植民地宗主国であるフランスに対して、ラオスやカンボジアを含めて、新たに建国したベトナム民主共和国が主導した「第一次インドシナ戦争」は、一九四六年から一九五四年五月のディエンビエンフーの戦いまでつづいていた。この年の七月にジュネーブ協定が成立して停戦となった。

また同じ時期、日本軍の敗戦までは「国共合作」で抗日闘争をしてきた中国共産党軍と国民党軍の間で、一九四三年七月以降内戦状態となり、四七年九月人民解放軍が総攻撃をかけ「三大戦役」を経て、一九四九年一〇月一日中華人民共和国が成立したのである。

先に述べた朝鮮戦争の勃発直前に、マッカーサーにとっては想定外の強大な社会主義政権が東アジアに成立したことになる。こうした、東アジアにおける通常兵器による〝南北熱戦〟が連続していた時代として、一九六〇年代までをとらえ直す必要がある。

第二次世界大戦後のラテンアメリカでも、独裁政治に対する反対運動が、武装闘争に転換することによって、アメリカ合衆国にとって不都合な政権を生み出すことにつながっていった。その一つの典型がキューバ革命であった。

一九五二年三月、軍事クーデターでフルヘンシオ・バティスタが政権を取り、反対派を弾圧する独裁体制となった。これに対して一九五三年七月二六日にモンカダ兵営を襲撃して逮捕され、恩赦による釈放後、メキシコで「七月二六日運動」を組織したフィデル・カストロは、一九五六年末にキューバに入り、シエラ・マエストラ山脈でゲリラ戦による革命運動を開始した。ここで重要な役割を果たしたのが、アルゼンチンの革命家チェ・ゲバラであった。そして一九五九年一月一日にバティスタ政権を打倒した。アメリカとの軍事的結びつきを強化する岸信介政権と対決している、日本の革新勢力にとっても、キューバ革命は大きな励ましともなっていった。

一九六〇年五月にキューバはソ連と国交を開く。これに対してアメリカは六一年一月に国交断絶を宣言する。六二年一〇月に、アメリカはソ連の中距離弾道弾ミサイルの発射台が、キューバに建設中であることを空中写真で確認し、一〇月二二日アメリカ合衆国大統領ケネディは、全米に向けたテレビ放送で、ソ連が西半球に核攻撃をするための基地を、キューバに建設中であると発表し、キューバを海上封鎖することを宣言した。核兵器を飛行機で落とす時代からミサイル搭載攻撃の時代へ転換したのである。

この「キューバ危機」は核戦争の現実的な危機を、世界中に喚起することになった。一〇月二四日国連のウ・タント事務総長は、武力衝突となるような措置を中止するように、アメリカとソ連に求めた。同二八日ミサイルをキューバに搬入する一六隻のソ連船が途中で方向転換し、危機は回避されたのである。

これを契機にソ連のフルシチョフ首相と、アメリカのケネディ大統領との直接対話が行われるようになり、緊張緩和が進んでいくことになる。逆に社会主義国の建設方針をめぐって、ソ連と中華人民共和国との対立が激しくなっていく。

発端は一九五六年二月のソ連共産党第二〇回大会における、フルシチョフによる「スターリン批判」であった。水面下のイデオロギー的な対立は、六〇年にソ連が技術者を中国から一斉に引き揚げることで、六三年からは公開論争となっていった。

この一九六三年一一月、ベトナム共和国（以下南ベトナム）のゴ・ディン・ジエム大統領が暗殺され、ベトナム民主共和国(以下北ベトナム)が支援する南ベトナム解放民族戦線(以下解放戦線)の攻撃が強く進められていくことになる。

これに対し、ゴ・ディン・ジエム政権にてこ入れをしてきた、アメリカのケネディ大統領が暗殺された後、大統領となったジョンソンは、一九六四年八月二日と四日にトンキン湾で、アメリカの艦船が攻撃を受けた、いわゆる「トンキン湾事件」を口実に、それが北ベトナムによるものだとして報復爆撃を行った。一九六五年以降、アメリカは地上兵力を導入して内戦へ介入していき、翌六六年秋にはアメリカ軍兵力は三〇万を大きく超えていった。

このベトナム戦争に地上兵力が投入される時期に、先に述べた「日韓基本条約」が結ばれたのである。これに対して、日本でも韓国でも広範な反対運動が起きた。韓国では八月二三日の大きな学生デモが組織された。これを鎮圧するために軍隊が出動させられ、二六日には衛戍令《えいじゅれい》が発動されている。日本の国会の外では一一月九日の日韓条約に反対する統一行動に二〇数万人が参加した。しかし「日韓基本条約」は締結され、アメリカのベトナム戦争に、日韓両国が協力加担させられていく状況がもたらされたのである。

朝鮮戦争の時と同じように、沖縄のアメリカ軍基地は、ベトナム戦争の出撃基地とされた。核兵器や毒ガスが貯蔵され、特殊部隊を配備することを含めて、あらゆる作戦行動の自由が認められていた。直接ベトナム戦争に投入された大韓民国軍の死者は四〇〇〇人以上になった。

一九六八年一月三一日にベトナム解放戦線側がテト攻勢をかけ、多くの犠牲者を出した。

アメリカにおいては、これ以上の戦争の拡大を許さないという、大規模な反戦運動が展開され、三月にはジョンソン大統領がウエストモーランド司令官を解任し、大統領選不出馬を表明した。

一九六九年一月、新しく大統領となったニクソンは、アメリカ軍の撤退を表明した。このとき五五万近くになっていたアメリカ軍は、七〇年に二三万、七一年に一六万に縮小していった。ベトナム戦争はアメリカの敗北に終わろうとしていたのである。

## 5　ベトナム戦争後の東アジア

一九七一年夏、ニクソン・ショックが世界に衝撃を与えた。第一段階は七月一五日、ニクソン大統領がキッシンジャー国務長官を介して、中国を訪問することを発表した。北ベトナムを支援しつづけていた中国に、アメリカ大統領が訪れるということは、ベトナム戦争に敗れたことを認めることであり、和平がもたらされる可能性を明確にしたことになる。

第二段階は八月一五日、日本が敗戦した日に、金とドルの交換停止を発表したこと。第二次世界大戦後のアメリカが国際通貨体制を担うブレトン・ウッズ体制を崩壊させたのである。主要国の通貨はすべてドルに対する切り上げとされ、そのトップが日本円であった。

このときの日本は一九七〇年一月に成立した第三次佐藤栄作内閣であった。沖縄返還をめぐって繰り返しアメリカと交渉していたにもかかわらず、そしてベトナム戦争を支援し続けていたにもかかわらず、寝耳に水のような突然の米中会談の設定であり、ドルの切り下げであった。一九七二年五月一五日に「沖縄返還」を実現したにもかかわらず、米中接近を知らされることはなかったのである。

しかも、第三次佐藤栄作政権の始まりは、実兄の岸信介が一九六〇年に結んだ「日米安保条約」の第一〇条「有効期限十年」で、日米いずれか一方の終了通告後一年で効力を失うという規定のあてはまる一九七〇年であった。労働組合をはじめとする、日米安保体制とベトナム戦争に反対する勢力は、「七〇年安保」として位置づけて運動を組織したが、結果として自動延長されてしまった。大きく社会問題化した大都市の公害問題とニクソン・ショックが引き金となり、佐藤栄作政権は退陣せざるをえなくなった。

その後を担ったのが、自民党総裁選で福田赳夫を破った田中角栄であった。田中は大平正芳、三木武夫と連携し、日中国交回復と日本列島改造を主張して首相指名を受けた。大平が外務大臣、三木が副総理となる。そして組閣したわずか二カ月後の一九七二年九月に、大平正芳外相とともに電撃的に訪中し、毛沢東主席、周恩来首相と会見し、一気日中に国交回復を実現したのである。九月二九日に北京で発表された「日中共同声明」の中で日本政府は北京政府を「中国を代表する唯一の合法政府であることを承認」したと明記することになった。

日本政府に何も知らせずに米中首脳会談を行い、ドルの切り下げを行ったニクソン政権に対抗して、田中角栄政権は独自の外交を、中華人民共和国との間で展開しようとしたのである。一九七四年に月刊『文藝春秋』で田中首相の金脈問題が暴露され、国会でも追及され、首相を辞任する。さらに一九七六年二月アメリカ上院外交委員会多国籍企業小委員会の公聴会で、ロッキード社の担当会計士によって、同社から多額の違法政治献金が、日本の右翼の児玉誉士夫や、代理店の丸紅に流れていることが明らかにされた。

日米安保体制の根幹にかかわる、主力戦闘機などが中心的な問題であったはずなのに、当初の焦点は全日空の大型旅客機トライスター売り込みにしぼられた。この時の三木武夫首相は「徹底究明」することを国民に約束し、政界からの「三木おろし」に対抗して、疑惑の徹底究明にあたった。

そのことによって、児玉から国際興業社主小佐野賢治のルート、丸紅のルート、全日空のルートという三つのルートの公判が開かれることになった。この中の丸紅ルートを通じて、一九八三年田中角栄の受託収賄罪が成立した。日本の政治家がアメリカの意向に反したことを行うと、どのような仕打ちを受けるかが、このロッキード事件によって明らかになった。田中は一九八五年脳梗塞で倒れるまで、日本の政界に大きな影響力を保持してきたが、八九年に政界を引退し、九三年に死去している。

同じ時期、一九七一年韓国の大韓赤十字社が南北赤十字会談を呼びかけ、これに北朝鮮赤十字社が応じ、翌七二年七月四日、「自立的統一、平和的統一、民族の大団結」という祖国統一三原則を明記した「七・四南北共同声明」が出されるにいたった。そして「南北調節委員会の運営および構成に関する合意書」が調印されることになっていく。

しかし、朴正熙は、一九七二年一〇月に大統領特別宣言に基づく非常戒厳令によって二カ月間憲法を一部停止した。そして国会解散と政党の政治活動の中止、非常国務会議による国会機能の代行、憲法改正の国民投票、新憲法による秩序回復という「十月維新」が断行された。

一九七二年一〇月二七日に憲法改正案が告示され、一一月二一日の国民投票で成立させられ、大統領としての任期の制限も無くなり、独裁体制が確立したのである。一九七四年に夫人の陸英修《ユクヨンス》が暗殺された後、独裁的な傾向を強め、一九七九年一〇月二六日側近の一人であった金載圭《キムジェギュ》中央情報部長に射殺されたのである。

朝鮮半島における南北の対話の道筋が開かれたかに見えてきた一九七三年八月八日、東京九段のホテルから野党の指導者であった金大中《キムデジュン》が何者かに拉致されるという事件が発生する。五日後の八月一三日、金大中氏は韓国ソウルの自宅近くで解放された。

この事件を調べていた日本の捜査当局は、駐日韓国大使館員金東雲《キムドンウン》一等書記官の指紋が検出されたため、韓国の公権力によって、日本の国家主権が侵害されたとして、一気に外交問題になっていった。

一九七三年一一月に田中角栄首相と、韓国の金鐘泌《キムジョンピル》首相との間の会談で、韓国側が事件について陳謝し、金東雲の取り調べを行い、事態の再発防止に努力するという形で政治決着がはかられた。

アメリカがベトナム戦争において事実上敗北したことによって、そのアジアにおける影響力が一時的に低下したのが一九七〇年代前半であった。

しかし七〇年代の末に、アジアの状況において、〝冷戦構造〟的二項対立が崩れることになる。一九七九年二月一七日から三月一六日にかけて〝中越戦争〟が発生する。ベトナム戦争のとき北ベトナムを支えていたはずの中華人民共和国が、ベトナム軍の国境侵犯に対する「自衛的反撃」だと称して雲南、広西からベトナムに侵攻し、この地域の主要都市であるランソン、カオバン、ラオカイを占領する。

アジアの社会主義国どうしが戦争をするという事態が発生したのである。ベトナムと中国は合わせて三〇万の兵力を動員し、数万の死傷者がでることになる。一九九〇年一月に国境で捕虜の交換が行われ、九一年一一月にようやく両国の関係は正常化されることになった。

一九七九年末には、親ソ連政権を確立するためにアフガニスタンにソ連軍が軍事侵攻した。アジア大陸の東側と西側で、社会主義国が他国へ軍事侵攻を行ったことは、社会主義そのものへの不信を世界的に拡大した。

資本主義先進国としてのイギリスのマーガレット・サッチャー政権、アメリカのロナルド・レーガン政権、日本の中曽根康弘政権が強い結束を誇示し、公的な保障を廃止し、すべてを市場原理に任せるという、新自由主義的な政策に一気に転換していった。

ソ連圏の社会主義国の一つであったポーランドでは、レフ・ワレサを中心とする自主管理労組「連帯」が一九八〇年九月に結成され、東ヨーロッパの社会主義国圏においても様々な動揺が広がっていくことになっていった。

第二次世界大戦後の、米ソ二大国による世界の分割的支配体制が、大きく揺らぐことになったのが一九八〇年代であった。

## 6　冷戦体制の崩壊と五五年体制の終焉

一九八九年一月から二月にかけて複数政党制が導入され、準自由選挙が六月に行われたポーランドで九月、自主管理労組「連帯」を中心とした政治勢力が政権を取った。一一月には「ベルリンの壁」が市民によって崩され、東西ドイツが合体する方向に歩みはじめた。一二月にはチェコスロバキアで「ビロード革命」の結果として、ヴァーツラフ・ハヴェルが二九日に暫定大統領に選ばれる。そしてルーマニアでは、独裁体制をしいていたチャウシェスク大統領が処刑され、東ヨーロッパ全体でそれまでの「社会主義体制」が崩れていった。いわゆる「東欧革命」が一気に進行していったのである。一九九〇年四月ハンガリー、五月ルーマニアで非共産党政権が誕生し、一〇月には東ドイツが西ドイツに吸収される方向で、東西統一が実現した。ヨーロッパにおける東西対立はこのように組み替えられていった。

アジアの南北対立解消も、ほぼ同じ時期に進み始めていた。一九八九年二月に現代《ヒュンダイ》グループの鄭周永《チョンジュヨン》会長が北朝鮮を訪問し、金日成《キムイルソン》主席と会見した。一九九〇年九月六日と七日には第一回南北首相会談がソウルで開催された。そして一九九一年九月に、南北朝鮮の国連同時加盟が実現したのである。

重要なのは、この直前の一九九一年八月に金学順《キムハクスン》さんが、自分が旧日本軍によって「従軍慰安婦」として扱われたことを、実名で明らかにしたことである。そしてこの年の一二月に金学順さんも加わっている「太平洋戦争犠牲者遺族会」の三五人の会員が、東京地方裁判所に個人補償を要求する訴訟を起こしたのである。

実はこの二年ほど前から、日本と北朝鮮との「国交正常化」問題も、大きな動きを見せていた。当時の自民党の金丸信副総裁と日本社会党の田辺誠委員長を中心とした代表団が北朝鮮を一九九〇年に訪問し、北朝鮮労働党との間で、日朝三党共同宣言が調印された。そして三回にわたる予備交渉を重ねて、一九九一年一月三〇日に、日本と北朝鮮との国交正常化のために本交渉が開始されたのである。

同じ時期、一六年ぶりの大統領直接選挙で盧泰愚《ノテウ》氏が第一三代大韓民国大統領に一九八七年に当選しており、その前の全斗煥《チョンドファン》政権から大きく方針転換し、北朝鮮との和解路線を推進していた。一九九〇年六月にソ連と国交樹立し、中華人民共和国との間での外交関係樹立にむかっていた。そして一九九二年に入って、韓国国内で、「従軍慰安婦」問題をめぐる日本に対する国民的批判が一気に噴出した。

この時期、イラクのクウェート侵攻を口実に、アメリカはイラクに対して一九九〇年八月から「湾岸戦争」をしかけていた。日本は一九九〇年二月の総選挙で勝利した海部俊樹政権であった。四〇代であった小沢一郎氏が自民党幹事長であった。「湾岸戦争」への自衛隊の派遣をアメリカ側が強く求めてきた。東西冷戦が終結したことによって、冷戦下では米ソ対立で機能しなかった国連安全保障理事会で、イラクに対する制裁決議が上がり、国連平和安全維持活動という名目で、日本の自衛隊をイラクに派遣する強い要求がアメリカから突きつけられていたのである。

小沢幹事長は、独自の委員会を党内につくり、日本国憲法の前文を根拠に、国連安保理の要請があれば、自衛隊の海外派遣は憲法九条に違反しないという見解を出した。しかし、自民党内「ハト派」の強い反発にあって、自衛隊派遣は見送りとなった。海部政権は国民一人あたり一万円にあたる援助金をクウェートに差し出した。しかし、「日本は金だけだして、血と汗は流さないのか!?」という国際的批判を浴び、一九九一年一一月五日に総辞職した。

海部政権の後を引き継いだのは、自民党の「ハト派」と言われた宮澤喜一内閣であった。海部政権から引き継いだ、国連の平和維持活動に、日本の自衛隊を初めて海外派遣する「ＰＫＯ協力法」を一九九二年六月に強行採決した。八月には日朝国交回復の中心人物の一人であった金丸信元副総裁が東京佐川急便不正献金事件で略式起訴された。

宮澤政権は選挙制度をはじめとする「政治改革」を内閣の最大の課題にしていたが、自民党内の強い反対にみまわれていた。一九九三年六月一八日、はじめて自衛隊を海外に派遣した宮澤政権に対して、野党は内閣不信任決議案を出した。これに自民党内の羽田孜グループなどが賛成して、不信任案は可決されてしまった。宮澤政権総辞職、国会解散総選挙となった。羽田グループは自民党を集団離党し、羽田孜代表、小沢一郎代表幹事として新生党を結成した。鳩山由紀夫氏ら一〇人は、六月二二日にやはり集団離党をして、武村正義氏を代表とした新党さきがけを結成して、解散後の総選挙にのぞんだ。

熊本県知事であった細川護煕が代表をつとめている日本新党は、本人を含めて三一議席を獲得した。新生党は五五議席、新党さきがけは一三人が当選した。そして細川護煕を首班とする、日本社会党を含む七党一会派による「反自民非共産」の連立政権が成立した。これで自民党が過半数以上ではあるが、憲法九条を改憲するための三分の二以上ではなく、日本社会党をはじめとする護憲野党が三分の一以上の議席を持ちながら政権を握る過半数には達することがないという、「五五年体制」(自由党と民主党が保守合同をして一九五五年一一月一五日に自由民主党が結党して以来の政治体制)は崩壊したのである。

結党以来はじめて野党に転落した自民党の総裁になった、宮澤喜一政権の内閣官房長官であった河野洋平氏は、一九九三年八月四日に記者会見をして、「従軍慰安婦」の朝鮮半島などでの募集や慰安所の設置に、日本軍が直接、間接に関わったことを正式に認めたのであった。河野氏は

「慰安所における生活は、強制的な状況の下」であったことを認めたうえで、「すべての方々に対し心からお詫びと反省の気持ちを申し上げる」と、日本政府として、「従軍慰安婦」問題を公式に認め謝罪をしたのである。

この河野談話に対して、一九九三年七月の総選挙で議員になったばかりの、野党となってしまった自民党の二世三世世襲議員たちが、撤回を求めたのである。その中心人物の一人が、この時一年生議員となった、現在の日本の総理大臣安倍晋三だったことを忘れてはならない。

周知の通り安倍晋三氏の母方の祖父岸信介はA級戦犯容疑者として巣鴨プリズンに入っていた政治家である。戦争を遂行した政治家たちにこそ、「従軍慰安婦」問題の責任があるのだ。韓国との間では、岸の実弟佐藤栄作政権のときに結んだ「日韓条約」で日本の植民地支配時の一切の責任を曖昧化したのであったが、北朝鮮が国連加盟国となった以上、もし国交を結ぶとすれば、その際今一度、大日本帝国時代のすべての植民地支配時の責任が国家賠償の問題として問われることになるのである。自民党の二世三世世襲議員の父や祖父は、何らかの形でその責任の一端を担っていたのである。自民党世襲議員たちの多くの歴史修正主義は、こうした出自に根ざしていることを忘れてはならない。

政権交代をした細川護熙首相は、韓国の金泳三《キムヨンサム》首相と一一月に日韓首脳会談を行い、日本の植民地支配について正式の謝罪をした。それに対して金泳三首相は「過去にこだわることのない、新たな日韓関係の構築」を提案した。一九九四年に成立した日本社会党委員長村山富市氏を首相とする自民党、社会党、新党さきがけ政権は、一九九五年七月に民間基金としての「アジア女性基金」を発足させ、この基金を通じて、各国の元慰安婦に対して補償や支援を行っていった。

## 7 「ソ連崩壊」後の東アジアと日韓関係

一九八五年三月にソ連共産党書記長に就任したミハイル・ゴルバチョフを中心に、ペレストロイカ（制度改革）とグラスノスチ（情報公開）政策が進められていった。そうした状況の中で、一九九〇年に複数政党制と大統領制を導入した。三月に初代大統領となったゴルバチョフを監禁し、ゲンナジー・ヤナーエフ副大統領が大統領職を代行する国家非常事態委員会が全権を掌握するクーデターが一九九一年八月一九日に発生した。

これに対し、六月にロシア共和国大統領となったばかりのボリス・エリツィンが市民に抵抗を呼びかけ、クーデターは三日で終わり、ゴルバチョフは監禁先のクリミアからモスクワに戻り、ソ連共産党とその中央委員会の解散を表明した。前年に独立を宣言していたエストニア、ラトビア、リトアニア三国（バルト三国）が完全独立し、それぞれ国際連合に加盟した。

クーデターがモスクワで発生した一九九一年八月に、ウクライナ、ベラルーシ、モルドバ等の各共和国が独立を宣言した。同じ年の一二月八日にロシア、ウクライナ、ベラルーシの三カ国首脳が、ソ連に代わる新しい国家連合としての、独立国家共同体（ＣＩＳ）に合意し、その後にカザフスタン、キルギスタン、タジキスタン、トルクメニスタン、ウズベキスタン、アルメニア、アゼルバイジャン、モルドバが加盟した。バルト三国は加盟しなかった。一二月二一日にＣＩＳは正式に発足した。

ソ連の崩壊は、東アジアの政治状況を激変させることになる。サンフランシスコ講和条約と共に結ばれた「日米安全保障条約」は、安倍晋三現首相の母方の祖父岸信介が首相であった一九六〇年六月二三日に改定され、より「相互協力」性が強められた。日本が武力攻撃を受けた際、アメリカが日本を防衛する義務を負っている。この場合の日本を攻撃する国家として、想定されていた仮想敵国は、ソ連であった。したがってソ連が存在しなくなれば「日米安保条約」体制は、日本にとっては必要がなくなるのである。したがって宮澤喜一政権が成立した一カ月半後には、「日米安保条約」体制はいらなくなっていたのである。そうであればこそ、アメリカ側は日本国憲法九条を持つ日本の自衛隊を国連の平和維持活動（ＰＫＯ）に参加させようと強い圧力をかけてきたのであった。一九九二年六月に「ＰＫＯ法案」が成立させられ、九月に自衛隊はカンボジアに派遣された。

同じ時期、北朝鮮の核開発疑惑が浮上させられた。崩壊してしまったソ連から導入された研究用小型原子炉について、核兵器開発をめぐる疑惑がアメリカを中心として高められていった。一九九二年五月に国際原子力機関（ＩＡＥＡ）の第一回査察が行われた。しかし核貯蔵が疑われた施設への特別査察が拒否された段階で、一気に疑惑は高まっていった。

一九九三年三月に北朝鮮はNPT（核兵器不拡散条約）からの脱退を表明し、五月には戦略ミサイル「労働一号」の試射に成功したため、核ミサイル開発疑惑に転換する。六月と七月に米朝高官会談が行われていった。先に述べたように、このアメリカと北朝鮮の関係が核開発問題で、第二次朝鮮戦争の勃発かと言われるほど一触即発の状況の中、日本は七党一会派の細川護熙政権になったのである。

民主的な選挙で実現した韓国の金泳三政権は、アメリカへの軍事的協力を断固として拒否した。そうであれば、朝鮮戦争のときと同じように日本を出撃基地にするしかない。しかし細川政権の与党には、北朝鮮労働党の党友である日本社会党が入っている。強力な働きかけがアメリカ側から日本の政界に対して行われ、細川首相が突然辞任し、日本社会党を排除した少数与党の羽田孜政権が一九九四年四月二八日に成立させられたのである。

他方で一九七九年一月一日に米中国交回復を実現したジミー・カーター元大統領が、一二年ぶりの民主党クリントン政権の特使として北朝鮮に飛び、金日成主席と直接会談を行い、一九九三年七月のジュネーブ会談以来中断されていた、米朝会談を復活することが決められたのである。アメリカと北朝鮮との間の危機は回避された。河野洋平氏が動き、羽田孜政権への不信任案を自民党が提出し、首相は退陣を表明し、六月三〇日に総辞職した。日本社会党の村山富市を首班とする、自由民主党、新党さきがけ三党連立政権が誕生したのである。

その直後の一九九四年七月八日に金日成主席が急死する。この日ジュネーブでは米朝会談の第三ラウンドが行われていた。国防委員長であった金日成と前妻金正淑《キムジョンスク》の長男金正日《キムジョンイル》が後継者として登場したが、クリントン政権は、世襲による権力委譲に強い反発をしめし、一気に緊張が高まっていった。

こうした対北朝鮮危機が再燃する中で、七月の臨時国会で、村山首相に対して日米安保条約体制への姿勢が追及され、「自衛隊違憲」から「合憲」へ、「日米安保条約堅持」といった日本社会党としての政策転換の表明を余儀なくされたのである。

他方で村山政権の下では、被爆者援護法が成立させられ、「日本軍従軍慰安婦」にされた人々への「女性のためのアジア平和国民基金」も発足させられた。さらに一九九五年八月には「戦後五〇周年の終戦記念日にあたって」の談話(「村山談話」)が発表され、「植民地支配と侵略によって、多くの国々、とりわけアジア諸国の人々に対して多大の損害と苦痛を与え」たことについて、首相として公式に謝罪したのである。

日本政府が「日本軍従軍慰安婦」問題を認める中で、当然のことながら歴史の教科書に記載されることになる。こうした動きと河野談話に反対する自民党の二世三世議員たちが、一九九七年二月二七日に「日本の前途と歴史教育を考える若手議員の会」を結成し、高橋史朗氏や藤岡信勝氏といった研究者と連係しながら、歴史修正主義の国民的運動を組織していったのである。この会の代表は中川昭一氏、幹事長は衛藤晟一氏、そして事務局長が安倍晋三氏だったのである。現在にいたる安倍晋三政権の歴史修正主義は、この時確立されたと言っても過言ではない。

韓国では一九九七年の大統領選挙に四度目の立候補をした金大中氏が当選し、一九九八年第一五代韓国大統領となった。北朝鮮に対しては対話と交流を重視し、二〇〇〇年六月一三日から一五日にかけて、金大中大統領は、平壌で金正日朝鮮労働党総書記と、両国首脳として初めての直接会談を行ったのである。その結果、南北統一への基本的在り方を規定した南北共同宣言に署名した。

しかし、二〇〇一年九月一一日に、アメリカ合衆国東海岸において、「同時多発テロ」が発生した。アメリカ政府は、この事件の首謀者を「アルカイダ」の指導者オサマ・ビン・ラデインであると断定し、彼らが潜伏しているとしてアフガニスタンに攻撃をしかけ、タリバン政権をつぶした。しかし、ビン・ラディンを捕らえることはできなかった。

アメリカのブッシュJr大統領は、二〇〇二年一月の一般教書演説で、ビン・ラディンを捕らえられないのは、テロリストを支援する国家があるとして、イラク、イラン、北朝鮮を「テロ支援国家」として名指したのである。アメリカがイラクに対する武力攻撃を準備する中、二〇〇二年九月一七日、日本の現役首相としては初めて小泉純一郎首相が北朝鮮を訪れ、金正日国防委員長と電撃的な会談を実現したのである。

この会談で北朝鮮側は、初めて日本人を「拉致」していた事実を認め、正式に謝罪した。この時の「日朝平壌宣言」では、日朝国交交渉を再開し、日本側は過去の植民地支配を北朝鮮に対し謝罪し、国交正常化後は経済協力をする、核問題やミサイル問題については、問題解決に向けて関係各国の対話をはかることなどが合意された。このとき内閣官房副長官として小泉訪朝に同行した安倍晋三氏は、二〇〇五年に第三次小泉内閣の内閣官房長官に就任し、「北朝鮮拉致家族問題」を政権浮揚策として利用しつづけていくことになる。

韓国で金大中大統領の後を継いだのは、弁護士出身の盧武鉉《ノムヒョン》氏であった。二〇〇二年の大統領選で当選し、二〇〇三年二月に第一六代大統領となったが、北朝鮮との柔軟な政策に対して、北朝鮮労働党創建六一周年の前日の二〇〇六年一〇月九日に行われた核実験によって支持を失った。二〇〇七年の大統領選で勝利したのは保守ハンナラ党から立候補した李明博《イミョンバク》氏であった。ソウル市長から大統領となり、一〇年ぶりに保守政権を誕生させた。

日本では、この年七月の参院選で与野党逆転が実現し、第一次安倍晋三政権は九月二六日に崩壊した。二〇〇九年の総選挙で政権交代が実現し、鳩山由紀夫首相退陣後を受け継いだ菅直人政権は二〇一〇年八月一〇日の談話で「朝鮮の人々に多大な損害と苦痛を与えた」と「反省」と「心からのお詫びの気持ち」を表明したが、二〇一一年三月一一日の「東日本大震災」と福島第一原発事故で九月に退陣した。後継の民主党野田佳彦政権は国民の信頼を失い、二〇一二年一二月の総選挙で敗北し、第二次安倍晋三政権が成立することになった。

同じ二〇一二年一二月の韓国大統領選で得票率五一・六パーセントのわずかの差で、文在寅《ムンジェイン》に勝利したのが、朴正熙の娘である朴槿恵《パククネ》であった。新政権が重視したのはアメリカとの関係強化であった。最優先課題として「韓米同盟の持続的発展及び関係国の国際協力強化」であった。そして二〇一三年五月、最初の訪問先としてアメリカを選び関係強化につとめた。また六月には中国に国賓として訪問し、「韓中パートナーシップの調和発展」を進めた。しかし日本の安倍晋三政権に対しては、「従軍慰安婦問題」を焦点にした形で批判を強めていった。

北朝鮮においては、金正日国防委員長が二〇一一年一二月一七日死去し、三男の金正恩《キムジョンウン》氏が一二月三〇日朝鮮人民軍最高司令官に就任し、国家の最高指導者であると宣言された。そして二〇一二年四月一一日に朝鮮労働党第一書記、四月一三日には国防委員会第一委員長となり、事実上の国家元首となった。

二〇一二年一二月に成立した第二次安倍晋三内閣は、それまでの日本政府の韓半島に対する植民地支配を「不当」だったとする認識を「正当」に切り換えた。「旧日本軍従軍慰安婦問題」については、「強制連行」は「確認できない」という立場をとっている。さらに日本の敗戦七〇周年となる二〇一五年八月一四日の安倍首相の談話には植民地支配の加害への言及はなかった。

このときの安倍政権は、多くの国民が反対する戦争法としての「安保法制」を、国会で強行採決しようとするただ中であった。北朝鮮のミサイルの脅威や核開発をあおりながら、前年二〇一四年七月一日に、安倍政権は閣議決定だけで、それまで違憲とされてきた「集団的自衛権の行使」を容認し、世界中のどこでもそしていつでも日本の自衛隊がアメリカ軍と共に軍事行動が出来る「安保法制」を九月一九日に強行採決したのであった。

このときの日本では、「安保法制」に反対する市民と野党が協力した大きな運動が起きていた。「戦争させない、九条壊すな！　総がかり行動実行委員会」が二〇一四年に結成され、国会を包囲する連日の行動が組織され、韓国の市民の運動をも励ましたのである。

韓国では二〇一四年四月一六日に発生した「セウォル号沈没事件」で、朴槿恵大統領の支持率は急落し、政権を批判する市民の運動が組織されていった。そしてその後の不祥事も重なり、「キャンドル革命」と言われた市民の力で、朴政権は崩壊し、二〇一七年に朴大統領は罷免されて、現在の文在寅政権が市民の力によって誕生したのである。

そして歴史的な時間の流れは、本稿の冒頭に接続することになる。現在の日韓関係を悪化させている最大の責任は、自らの政治権力の浮揚策に、反北朝鮮、反韓国感情を利用して、宮澤喜一政権、細川護熙政権、村山富市政権、そして菅直人政権と積み重ねられてきた、かつての大日本帝国による韓半島の植民地支配が「不当」であるという歴史認識を否定する、現在の安倍晋三政権の本質としての歴史修正主義にある。

その意味で、日韓関係を正常化し、東アジアにおける平和と安全を確実なものにするためにも、市民と立憲野党の共同によって、一日も早く、安倍政権を打倒することが急務なのである。そしてアメリカの軍事力に依存することのない、自主独立の新しい東アジアの国々の関係を日本と韓国が協力してつくり出していくことへの道筋を切り拓くことが出来るかどうかが、これからの日韓の市民運動が連携して実現していくべき、重要な課題なのである。

# 第四章　朝鮮戦争70周年、アジアと日本の安全保障

〈鼎談〉和田春樹／孫崎享／小森陽一

## 1　戦後冷戦体制と朝鮮戦争

小森　朝鮮戦争の勃発をどのような世界史的な枠組みの中でとらえるのかということが、いまだに定まっていないように思われます。第二次世界大戦の、ヨーロッパでの終わり方とアジアでの終わり方では違いがあります。ヨーロッパでは、ソ連のベルリン封鎖によってドイツが二つに割れました。そして、西側はＮＡＴＯ（北大西洋条約機構）をつくり、東側はソ連と東欧諸国がコメコン（経済相互援助会議）をつくって、東西冷戦になるわけです。しかしアジアでは、かつてフランスの植民地があり、日本の植民地があり、そして中国本土においても国共内戦が続き、

孫崎享氏

南北熱戦とも言える複雑な経緯をたどります。そのあたりの、第二次世界対戦の終わり方とその後のアジアの問題をどう見るのか、日本の敗戦の問題とも連動させて、朝鮮戦争勃発までの状況について、まずお伺いしたいと思います。

**孫崎**　東アジアの戦後問題は、日本の軍国主義をどう解除するかということを中心に展開されました。こうした中で、冷戦についてどこまで遡るかはともかく、一九四七年ぐらいにはかなり明確な形をとってきました。戦後しばらくは日本の軍国主義がなくなればいいのだという流れが主要でしたが、日本をふくめて新たな冷戦構造をどうつくるのかという動きが、一九四八年ぐらいから明確になり、その流れが朝鮮戦争を契機に固定化していったと。その辺のところが、解釈の微妙な問題になるのだろうと思います。一方で、当時のソ連と中国がどのような状況にあり、どのような思惑を持っていたのかが判断材料の一つになるのですが、一方のアメリカの見方がやさしいようで難しいのです。

**小森**　一九四九年一〇月一日、中華人民共和国が建国されますが、一方のアメリカの思惑がどのように変容していったかですね。

孫崎　私は戦後の世界を見る場合、常に、アメリカの戦略との関係を見ておく必要があると思っています。それを踏まえると、その当時でも現在でも変化が生まれるからです。何か新しい事態が生じると、今までの戦略をひっくり返す流れが出てきます。それを私が感じたのは、イラクにいたときです。サダムフセインのクウェート侵攻がありましたが、侵攻する前は、アメリカはそれを容認するような雰囲気をサダムフセインに与えているのです。

小森　むしろ侵攻を許容していた。何をやっても大丈夫だという感じでしたね。

孫崎　ところが、事が起こってしまうと、まったく違う流れが出てきました。「当時大丈夫だ」と言っていた人たちがウソをついていたわけではないと思いますが、新たな考え方が入ってきて、いままでの考え方が一気に変わってくるのです。

そうした状況を踏まえると、朝鮮戦争が始まる半年前に行われたアチソン国務長官の演説をどう評価するのか、という問題が出てきます。彼は、アメリカの防衛線はアリューシャンから日本を通ってフィリピンにいたる線であると規定したのですが、そこには台湾と北朝鮮は入っていない。アチソンは、大陸の東側でいいと思っていたのかもしれません。私はアチソン演説がウソであったと思いませんが、状況が変わると違う反応をするという雰囲気を、アチソン演説にも感じるのです。この辺を含めて、和田先生にお伺いしたいと思います。

和田　第二次大戦が終わったときに、ヨーロッパでは、ソ連が東ヨーロッパを解放し占領していました。連合軍がドイツに勝利したのもソ連の力が大きいわけですから、ヨーロッパでは、西側諸国とソ連の力の並立が当初からハッキリしていました。だから、早くから冷戦的な考え方が現れ、対立は激しくなる状況でした。

一方アジアを見ると、違った状況になっていました。日本がアジアの諸国を侵略しましたから、各地で民族独立の動きが出ていた。ソ連の力はどうかというと、かろうじて朝鮮半島を分割占領した以上には出ていません。ですから、アメリカとソ連は、アジア地域においてはできるだけ対話的な関係を維持しようとしていた。ヨーロッパでは対立していても、アジアでは話し合いによって経営していこうという志向があったと思います。ヤルタ会談（一九四五年二月）でも三国外相会談（同年一二月）でも、そういう雰囲気でした。

それでは朝鮮半島についてはどうだったか。四八年八月に大韓民国が、九月には朝鮮民主主義人民共和国が建国されました。アメリカは、日本を独占的に押さえるということはハッキリしていました。しかし朝鮮については、南側を抑えるには抑えたけれども、どこまでを勢力圏に入れるかについては腹が決まっていなかったと思います。軍部は基本的にはアチソンラインにそって、日本、沖縄、フィリピンという防衛線を考えていた。それは、アメリカの中にある、ある種の伝統的な考え方でした。この考え方は、朝鮮戦争の間中も、アメリカ軍にはあったのだと思います。僕の見たところでは、それが最後の瞬間に変わったのです。

小森　一九五三年に停戦協定を結ぶ瞬間ですね。

和田　そうです。アメリカは戦争継続を主張する李承晩の抵抗に手を焼いて、韓国をどうするかということをいろいろと考えていた。韓国を死守するという路線は必要ないのではないかという考え方もアメリカにあったからです。それが、停戦協定を結ぶギリギリのところで劇的に変わり、アイゼンハワー大統領が米韓相互防衛条約を結ぶことを決断することになったわけです。したがって、朝鮮戦争は、アメリカが朝鮮半島をどこまで押さえるかがハッキリしていない中で、起こったのです。

**小森**　アメリカ側の半島政策はハッキリしていなかったわけですね。では、朝鮮戦争はどうして起こったのでしょうか。

和田春樹氏

**和田**　戦争の主体は二つの朝鮮です。日本から独立した朝鮮は分割占領され、分割された。だから、統一国家を作って独立を完成したいという気持ちは、金日成にもあったし、李承晩にもあった。この気持ちが戦争へと突き上げたのです。

米ソは、とにかく協定を結んで、占領地を分けたのだから、戦争はやらせないという考えでした。ソ連は北に対して、やってはいけないと抑えていました。最終的にはソ連共産党中央委員会政治局の決定で、攻めてきたらやってもいいが、攻撃してはならないという決定を出しているのです。韓国のほうも、ロイヤル陸軍長官に何度もやりたいと言いますが、アメリカはそれを許さない。ソ連と違って武器も多くは与えていない、戦車はほとんど与えていません。もちろん攻めてきたらやってもいいと言っていました。ですから、基本的には、米ソはアジアでは、協定した線を守るという協調路線をとっていたわけです。

それを突き破ったのは北朝鮮なのです。あの戦争は米ソがやらせた代理戦争だという議論がいまでもありますし、事実、朝鮮半島の指導者は米ソを利用していました。北はソ連・中国を利用して南を攻めたいし、李承晩はアメリカを利用して北を滅ぼしたいという気持ちなわけです。しかし小国のそういうナショナリズムの動きが米ソに影響を及ぼして、米ソの対立がアジアでも激化するという方向にいったのが朝鮮戦争です。米ソが対立していたから戦争になったというのではなく、朝鮮の北と南に押さえがたい動きが出てきたので朝鮮戦争が勃発し、その中で米ソが激しく対立する冷戦軍事超大国に変貌したのではないかと思います。つまり、戦争を始める時点ではハッキリしていなかった対立が、戦争が起こって停戦協定を結ぶに至る過程でハッキリした、という構造ではないでしょうか。

小森　孫崎さんは「アチソン演説の解釈が大事だ」とおっしゃった。それは、和田さんのお話を踏まえれば、アチソンが考えていた防衛ラインが、朝鮮半島の中での対立の力によって揺さぶられ、変わっていった、ということになるわけですね。

孫崎　私がなぜ、アチソン演説が大事だと言ったのか。仮に私がソ連のスパイだとしましょうか。中国はスパイをしていたかどうか分かりませんが、たぶんソ連はアメリカの本音はいったいどこにあるのかということを探っていたでしょう。スパイである私は、アメリカに行って調査した結果、「真意がハッキリしない」という曖昧な報告書を書くと思うのです。アチソンの考え方がアメリカの主流であり相当の支持があると判断するのか、アチソンの代わりに権益を絶対に死守するというのがアメリカの共通の考え方であると判断するのか、その認識が中国やソ連の対応を左右したのではないか、そういう意味でアチソン演説は重要だと言っているのです。

小森陽一氏

和田　そう考えた場合、アメリカがどっちつかずでボーッとしている状況の中で、中国の事態が起こるわけです。

小森　国共内戦が一九四九年一〇月一日の中華人民共和国の建国という結果に終わった。アメリカとしてはそんなことは言っていられなくなったのですね。

和田　米ソがアジア問題で協定を結んだときの一つの条件は、中国においては共産党の活動は認めるけれども、蔣介石の中華民国を正当な政権だと評価して、そちらを尊重して交渉するという考え方でした。

小森　それがポツダム宣言体制ですね。

和田　そうです。ソ連も蒋介石とやり取りをしていて、共産党の側へのてこ入れはしてこなかった。それが、最後の段階で変わってきて、大きな新しい動きにつながったわけです。それは連鎖的に金日成にも影響します。「中国が革命をやったのだから、今度は自分たちの番だ」と、それが一つです。

もう一つがアチソンの演説です。アチソン演説については、ソ連はハッキリと、アメリカは東北アジアでは強硬には出てこないと受け取ったにちがいありません。ソ連は、マクリーンとかバージェスといった大物の共産党員スパイをイギリスの外務省とワシントンのイギリス大使館に入れていましたから、当時のアメリカの考え方をハッキリつかんでいたと思います。だからこそスターリンは、北に対してゴーサインを出したのだと思います。ところが中国のほうは、そうした情報に接していないということもあり、自分たちの革命が進めばアメリカと対立せざるを得なくなるという宿命を最初から意識していました。一九四九年はアメリカが出てこなくて終わったけれども、アメリカと中国革命は相容れないということは運命的な必然だと毛沢東は思っていたわけです。だから、金日成が行動を起こせばアメリカは出てくるのではないかと、毛沢東は見ていた節があります。実際に毛沢東は、アメリカが出てきたら我々は兵を送る、と言っています。しかし、毛沢東以外はそうは思っていないから、ことは単純ではありませんが。

小森　毛沢東以外の人はそうは思っていなかったのですか？

和田　というのは、戦争はしたくないからです。国共内戦をやってようやく勝ったばかりで、台湾もとれていないわけですから、ヘトヘトなわけですよね。中国の軍は、国民党を追い出して中国本土を統一したのだから、アメリカと戦争するようなことはしたくないという考えですね。毛沢東という人は、国家指導者としての哲学からすれば、中国革命をやればアメリカと戦かって引き分けに持ち込まなければ革命中国は生き延びられない、世界における地位は確立しないと思っていた節があります。だったらどこで戦うのがいいか。これは周恩来が言った言葉だと聞きましたが、朝鮮で戦うのがいいか、台湾で戦うのがいいか、ベトナムで戦うのがいいか、三つの選択肢がある。そして、戦うとすれば朝鮮で戦うのが一番いいのだという判断です。朝鮮はソ連と背後が密着していますからね。台湾だったら海軍が必要になるし、ベトナムだったら南のはずれですからね。

小森　それは、当時の地政学上からくる結論ですか。

和田　そうですね。アメリカ、ソ連、中国はみな、第二次世界大戦後、国家としてどういう方向で国を立て直していくかというところから戦略を立てていますから、一人ひとりの国民の運命とは別の考えでやっていると見なくてはなりません。中国も同じだと思います。

## 2　朝鮮戦争の展開と国連の関わり方

小森　これまでのお話ですと、朝鮮戦争は、大国の意思としては始まるまでは基本的にやらない方向だったのに、現実的には一九五〇年六月二五日に三八度線を挟んで戦争が起こってしまった。あの戦争の実態はどうだったのか、私もいろいろ読みましたが、本当に納得がいったかというと、非常に曖昧です。朝鮮戦争勃発七〇年に当たって、なぜあの戦争が始まったのかを改めて検証すると、どのように考えたらいいのでしょうか。

**和田**　戦争が起こって以来ずっと、この戦争はどちらが先に仕掛けたのかが争われているわけです。そもそも戦争を始めた当事者の声明の中で、「向こうが先に攻めてきた」と言っているわけです。金日成にしてもそうですし、李承晩のほうは金日成が攻めてきたと言っています。

李承晩は、北が攻めてきたからついにチャンス到来だ、これによって朝鮮の統一を果たすことができる、と考えました。それまで、米国が戦争を起こしてはならないと言っていたので、自分から攻めることができなかったわけです。しかし、北が攻めてきたので、オーストリア皇太子が暗殺され、第一次世界大戦の直接の契機となった「サラエボの悲劇」が起こったのだと感じて、興奮しているのです。むしろ世界が戦争になれば、朝鮮の統一は可能になるというわけです。台湾の指導者もそう思っていたと思いますが。

小森　蒋介石はチャンス到来と思っていたわけですか。

和田　そうです。朝鮮ではどちらが先に攻めたかを巡ってずっと議論がありましたが、結局、ソ連崩壊後にソ連の資料が開いたことによって、事態はハッキリし、逃れようのない状況になりました。それによれば、金日成は、国が建国されて最初にモスクワに行ったときから、四回ぐらい、南を攻めたいと言っています。これに対しソ連は、中央委員会政治局の決定によって絶対にダメだという態度を取っていました。それが、新しい二条件をつけて、スターリンは五〇年一月末に基本的にOKを出します。金日成がモスクワにきて話し合え、さらに中国の許可をとれ、そうすれば最終的にOKだというわけです。それで金日成と朴憲永はモスクワのあとでは北京に行きますが、毛沢東は驚いて、そのことは聞いていないとモスクワに問い合わせます。スターリンから返事がきて、「状況の変化があったので認めることにした。あなたが認めれば私も認める」と毛沢東に伝えます。それで毛沢東からもOKを取り付けたということで、戦争を始めたのです。要するに、武力で統一するしかない、という考えです。四八年にできた朝鮮民主主義人民共和国の憲法一〇三条には、「われわれの首都はソウルである」と書いてあるのです。

小森　自分たちは平壌にいて、北にある国に過ぎないけれども、ソウルが首都だと宣言しているということは、統一を前提にしていることを意味しますものね。

和田　ということは、南半分を奪い返すということです。北朝鮮は「国土完整」というスローガンで「統一独立」を掲げてきましたが、憲法の中にその武力統一の方針が入っているわけです。

一方、李承晩は、評判は悪い人だけれども、「分断されたままでは生きられない」という考えで一貫していました。韓国は統一されないかぎりは生き残っていけない、という考えが非常に強かったのです。韓国の憲法では、「韓半島が国の領土である」と書いてあります。国会の議席も空けてあり、北を解放してそこで選挙をやり、そこで選ばれた議員を迎え入れれば大韓民国は統一完成されるというのです。しかし、武力侵攻をしたいと言っても、アメリカは最後まで韓国に対してゴーサインは出しませんでした。だからこそ李承晩は、六月二五日に北が攻めてきたという第一報を聞いたとき、アメリカの大使に向かって、「朝鮮問題解決に絶好の機会がやってきたと自分は思っている」と言ったわけです。そして、大韓民国の中心柱としての自分が捕まればそのチャンスは終わってしまうから、自分は捕虜になってはいけないというので、すぐにソウルを逃げ出しました。できるだけ速く遠くに逃げなければいけないと思い、あまり先のほうまで行き過ぎて、途中で戻ってくるという具合でした。最初は戦況が悪かったけれども、アメリカが盛り返したので、北による統一は失敗に終わります。李承晩はいよいよその時がきたということで、北に侵攻したわけです。

小森　六月二七日に開かれた国連安保理では北朝鮮を侵略者と認定し、それに基づいて国連軍を結成します。そして九月一五日に、仁川上陸作戦を行い、大規模な反攻に出たわけです。

和田　アメリカのほうは、国連軍の軍隊になっていますから、そのまま北進するのではちょっと具合が悪い。それで国連総会で、統一・独立・民主の朝鮮政府を樹立するという新しい決議をとるわけです。そしてマッカーサーは、軍隊を北進させます。韓国軍による統一の作戦と国連決議を受けた国連の統一作戦が進められ、平壌の陥落占領に成功するところまでいきました。そこに中国人民志願軍が入ってきて押し返され、南からの統一もダメになったということです。

この戦争は、北が先に始めて、南は後からやったのですが、どちらも武力統一が民族の悲願だと考えるところは同じでした。前半は北の攻勢が米空軍の猛爆と仁川上陸作戦ではねかえされ、後半は米韓軍の攻勢が成功しかけたのですが、中国軍によって阻止されたのです。それで戦争は、朝鮮半島における米中戦争に転化したわけです。そして、最後は引き分けになって、戦争が終わった。アメリカと戦争をして引き分けになったのだから勝利だ、と言ったのは毛沢東と金日成です。金日成のほうは弱い言い方でしたが、毛沢東はハッキリ勝利だと言った。もちろん、南北朝鮮はほぼ元通りに戻ったのだから、これを勝利と言うのはおかしいけれども、金日成は、朝鮮が全部アメリカのものになって中国、ソ連と戦争になるのを防いだ、だから勝利だと言ったのです。始まりは二つの国家の間の特殊な内戦だったわけですが、それが行き詰まって朝鮮半島における米中の戦争になったのです。出発点である二つの国家の争いはずっと残り続けました。もちろん、アメリカは残りましたから、北とアメリカとの戦争も残り続けているわけです。

**小森**　和田さんのお話では、局面が大きく転換するのが国連の決議ですよね。国連の決議に、日本を占領していたマッカッサーが関わっていくことで、日本がこの戦争に関与することになるのですが、国連の決議に対しては、いま改めてどのように考えればいいのでしょうか。

孫崎　第二次世界大戦直後の国連と今日の国連とは、かなり違っているということが重要なところです。というのは、第二次世界大戦が終結する前からすでに国連をつくる動きがでてきています。

小森　一九四五年六月二三日に沖縄戦が終わった直後の二五日から、連合国総会がサンフランシスコで開かれました。

孫崎　つまり、第二次世界大戦以降のアメリカの統治機関として、国連はつくられたわけです。今日では、それが米国の意図に従わない国連になっているので、アメリカの世界制覇の一機関としてあった時期と今日の国連とは区別しておかないとわかりにくい。朝鮮戦争当時は、アメリカが自由に動かせる統治機関としての国連だと思っていいのではないでしょうか。

小森　そうですね。その認識が甘いから、「何で連合国が」と思ってしまうのでしょうね。アメリカのサンフランシスコで開かれた連合国総会というのは、第二次世界大戦後のアメリカの世界統治をめざすためのものでしたが、国連はその統治機関として機能し始めたわけです。

和田　国連の最初の安保理決議は、北朝鮮の侵略と認定し、その行為を停止することを要求し、国連加盟国にこの決議実行のための援助を求めるもので、アメリカ政府が推進したものです。これは、当時の状況からすると必然的な判断ですが、この決議が通るについては拒否権をもつソ連が安保理を欠席していることが大きいです。ソ連は、中国の代表権問題で欠席し始めるのですが、安保理に参加していて北朝鮮侵略の決議をあげられると、拒否権を行使するのは苦しいですから、強引に欠席を続けたわけです。その結果として、アメリカ軍は国連軍になってしまいます。ソ連代表はまずいことになったということで八月一日に戻ってきました。国連軍が北に攻め上るのに新決議が必要です。ソ連が戻ったので、もう安保理では決議はできませんから、新たな一〇月七日の重要な決議は国連総会決議になるわけです。朝鮮に「統一、独立、民主の政府」を樹立するために、国連の賛助のもとに選挙を実施するという決議を採択し、韓国軍、国連軍の北進をオーソライズ(公認)したのです。安保理決議からすると、侵略者を排除するのが建前なわけですから、国連軍は三八度線で止まらなければならない。だから、北進は安保理決議ではやれないので、総会決議で、国連による新しい国づくりをめざすとして、やったのです。

**小森**　整理しておきたいのは、最初の国連安全保障理事会の会議をソ連が欠席したことの問題です。連合国総会で国連憲章が決められたときに、国連憲章第二条で、国権の発動たる戦争はもとより、武力による威嚇、武力の行使もしてはいけないと定められました。それに違反した国が出てきたら、国連の安全保障理事会でどうするかを議論し、ゆるやかな経済制裁から軍事制裁までを含めて決定すると。ただその決定がでるまでの間、侵略から国を守るために単独で武力行使をしてもいい、これが個別的自衛権で、軍事同盟を結んでいる国と一緒に守るのが集団的自衛権であるという枠組みです。孫崎さんは、ソ連が欠席した安保理での最初の決議をどう見ますか。

**孫崎**　いま、国連憲章についてご指摘あったように、それは想定内のものでしょうね。

**和田**　国連憲章に沿っているのではないでしょうか。

**孫崎**　当時の国連安保理の決議は、国連憲章が意図した通りの動きです。一九九一年に始まった湾岸戦争では、イラクのクウェート侵攻に対して国連は即時無条件撤退を求める安保理決議をあげますが、国連軍をつくることはできませんから、アメリカは多国籍軍を募って攻撃に出ます。それ以降、アメリカ軍の国連の使い方は、国連憲章に抵触したものになってくるわけです。アメリカの、冷戦が終わる前と冷戦が終わった後の国連の使い方とは、少し違っていると思っているのです。

**和田**　国連総会での、統一・独立・民主の朝鮮政府をつくるという決議は、今から考えれば、国連憲章からの逸脱の始まりではないかと思います。

日本が朝鮮戦争に対処した経緯を見ても、北が韓国を侵略しているというのであれば、それを止めさせることに協力するというところまでは、許されることかもしれません。緒戦の段階で、アメリカ軍に同行した日本人のコックや、運転手や大工が鉄砲を持たされて戦争に加わり、死人も出すような状況があったことが最近わかってきました。これは道義的に認められるのかどうかという議論がおこりえます。アメリカ軍が北に攻め込むことになり、元山港沖の機雷を除去するために海上保安庁の掃海艇を派遣して死者も出るのですが、北に攻め込んで北の国家をつくりかえるという戦争に参加することは許されるのか、その戦闘に日本人が協力したのはまずいのではないか、という議論も出てくるでしょう。この朝鮮戦争と日本の関わりという問題は、国連のあり方の問題だけではなく、今日の韓国や北朝鮮と日本の関係を考えた場合、どう考えるかというところと関わってくるような気がしますね。

小森　釜山まできていた北朝鮮軍を跳ね返して、三八度線を超えるかどうかというところで局面が変わるわけですね。このへんは、マッカーサーとトルーマンとの関係も含めてどう考えたらいいでしょうか。

和田　三八度線を越えることについては、あまり対立はなかったと思います。マッカーサーも北に対して降伏しろという通告を二回出していますが、降伏しないというので、反撃するためには北側にある程度攻め込んで戦闘することは必要だという議論がありました。しかし、韓国は統一するまで全面的にやるという方針ですから、韓国を野放しにしたらまずいということになって、国連総会決議をとった段階で攻め込むということになったのです。北を占領して管理する組織も、韓国にやらせればどういうことになるかわからないというので、アメリカ軍がつくっています。そのような北攻撃のためには機雷の除去が必要になるため、東海岸でも西海岸でも、海上の機雷を除去するのに海上保安庁の掃海艇が使われたのです。

小森　この問題は、国際法上、あるいは国連とのからみでいうとどうなのですか？

孫崎　三八度線まで押し返すことが軍事的な作戦上必要であったと位置づけられれば、国連憲章とは矛盾しません。和田先生がおっしゃったように、国連総会決議で様相が変わり、三八度線を越えた軍事行動で北朝鮮の政権を倒すことが主とした軍事作戦になれば、国連憲章とは矛盾してくるかもしれませんが、攻撃されたら反撃するという段階であれば、一応整合性はあるのではないでしょうか。

**小森**　その後、北に入ったアメリカ軍が平壌を潰す。そこまでいったら戦争の性格は大きく違ってきますね。

**和田**　決定的に違います。その段階になって中国軍が出てきます。当時の中国は国連には関係がないいわば無法な存在でしたが、中国がここで出てきたのはわからなくはない、ということになるかもしれません。つまり、北に攻め込んだことは、戦争の性格を変える重要な意味をもったわけです。今日の韓国で、朝鮮戦争をどう見るかということで今のことを話しますと、韓国人はイヤな顔をして、北に攻めていったところは触れたがりません。どちらも武力統一を考えていて、北が先にやったあとで南もやったのだ、ということを認めるべきなのです。この問題をハッキリさせないと、朝鮮戦争を反省することはできないのではないかと思います。この重要なポイントについては、国連総会の決議の問題性を含めて、よく検討されていないような気がします。非常に短い時期でしたが、北に対する占領体制はどういうものであったか、これも研究が十分ではありません。資料も十分ではありませんが、もっとこの問題を検討しなければいけないのではないかと思います。

**小森**　中華人民共和国の義勇軍が参戦するという事態において、朝鮮戦争の局面が大きく変わったと思うのですが、孫崎さんいかがですか？

**孫崎**　まったく違う角度から言っていいでしょうか。私はこのほど『日本国の正体』という、外国人が日本に対して何を言っているかという本を書きました。豊臣秀吉に関しておもしろいと思ったのは、秀吉が朝鮮に攻め込んだとき最初は圧倒的に秀吉軍が勝つのですが、途中から膠着状態になります。その一番大きい原因は、中国軍が出てきたことです。当時の世界における人口の四分の一は中国の民でしたが、これは朝鮮戦争のときと同じだと。中国から朝鮮というものを見ると、他の海洋国家的なものに取らせるわけにはいかないということが伝統的にある。それが豊臣秀吉のときにも起こったし、朝鮮戦争のときにも起こった、そう書いている人がいるのです。直接の答えにはなりませんが、何となくそんなものかという感じがしてきたのです。

**和田**　ご指摘の通りだと思います。歴史を振り返れば、秀吉の侵攻が第〇次の朝鮮戦争です。日本が攻めていったら、明の軍隊が出てきて秀吉の軍は負けて帰ってくる。その次が日清戦争です。これは第一次の朝鮮戦争ともいえるもので、日本が朝鮮にいる清を追い出す戦争だったが、中国まで追いかけていったために日清戦争になってしまった。第二次の朝鮮戦争が日露戦争です。今度はロシアを追い出すつもりで——朝鮮にはロシアは入ってもいなかったけれども——それをやった。その第三次とも言える戦争が朝鮮戦争です。

ですから、朝鮮戦争はそうした地政学的な立場から位置づけることができます。戦争は最初に朝鮮半島で起こるのですが、そこに中国、ロシア、アメリカ、それに日本が関わってくるという構造があるということです。そして最後の朝鮮戦争では、半島の二つの国がお互いを認めず、決定的に対立して朝鮮の中から戦争が起こってきた。だからこそよけいに深刻な事態になっているわけで、これを解決すれば東アジアは平和になるだろうということではないかと思います。

**小森**　かなり長い、数百年分の世界史的な問題になるわけですね。中華人民共和国の義勇軍が参戦し、一一月になって大規模な攻勢を開始することによって、アメリカ軍は一気に押し戻されるわけですが……。

**和田**　中国の毛沢東は、第一次から第五次までの戦略を立てて作戦をやらせたのですが、第五次の戦役ではアメリカ軍を朝鮮半島から追い出すという目標を立てていました。現場司令官の彭徳懐は、それは無理ではないかと思っていた節があります、彼は現実的な軍人ですから。結局のところ、第五次戦役はそれほど大々的なものにはならずに、ソウルに迫った段階でストップしています。それ以降は持久戦になって、トンネルを掘って陣地を維持し、アメリカの爆撃に耐えるという形で、三八度線を斜めにしたぐらいの線で対峙するわけです。最終的には、米中戦争を引き分けに持ち込んでいくという戦争に転換します。引き分けまで持ち込めば、これは中国の勝利だと、この点は彭徳懐も一致しています。

**小森**　この戦争でマッカーサー司令官は東京で指揮を取っていたのですね。戦場の状況をきちんと判断できていたのでしょうか。

**和田**　その時点で起きた最大の問題はマッカーサー問題です。中国軍が出てきた段階で、アメリカの軍部の中には、アチソンラインを守ろう、こうなったら朝鮮から退いて日本に移り、日本は守ることにしよう、という考え方が出てきました。国防長官なども、そうはっきり言っています。負けを相当深刻にとらえ、李承晩に亡命政権をつくらせるという議論まで出てくる。それを日本にもっていくのか、台湾にもっていくのかはわかりませんが、そういう気分にアメリカ軍はなってきます。日本のなかでそれに同調したのは芦田均です。自由党だ、社会党だといっている場合ではない。日本も再軍備に踏み切らなければ危ないと言いました。吉田茂は、そんなことはない、大げさなことを言って騒いでいると大変なことになる、といって拒絶します。戦争をしているアメリカがもう危ないから日本に引きあげると言い出しているのに、吉田が大丈夫だと言っても根拠はないわけです。そうなった段階で、マッカーサーは、中国の沿海部を爆撃する、朝鮮で原爆を使う、台湾の蒋介石の軍隊を参戦させる、という三つのオプションを出してきました。

**小森**　蒋介石の軍を参戦させるところまで提案したのですか？

**和田**　もっとごちゃごちゃにして世界戦争にしようということです。台湾も参戦させて中国と戦争すれば、危機は打開できるかもしれないと考えたのです。マーチンというアメリカの下院議員が議会で、マッカーサー司令官がこういう考えをもっていますと披露したので、それを聞いたトルーマン大統領が激怒して、「ダメだ、首だ」となったわけです。

**小森**　東アジアにおける全面戦争になるからですね。

**和田**　第三次世界大戦のような全面戦争にしなければ、アメリカが負けているという事態を消すことができないということではないですか。それに対してトルーマンは、戦争は絶対に拡大させない、そのためなら原爆を使ってもいいというわけです。結局、マッカーサーを首切ることになりました。

小森　五一年四月のことですね。

## 3　朝鮮戦争と日本の再軍事化

孫崎　ここで、ぜひお話ししたいことがあります。朝鮮戦争についてはそれほど勉強していなかったのですが、今回の機会に勉強し直して非常に気になったのが、警察予備隊の創設についてです。警察予備隊の創設について、その意義と手続の二つを見ると、吉田茂首相は、これは朝鮮戦争で米軍がいなくなった空白の防衛を埋めるためにつくりましたと言っており、それが歴史の定番になっています。

小森　警察予備隊は五〇年一〇月に創設されますが、在日米軍の出動に伴う事変や暴動などに備えるということになっていますが、違うということですか？

孫崎　私は違うと思うのです。日本に占領軍としての米軍が置かれましたが、日本を守るためにいたわけではなく、基本的には世界戦略のためにいたわけです。本来的には、ポツダム宣言によって、日本がちゃんとした国になったら米軍はいなくなることになっていた。実際に一九四七年には日本国憲法を制定しているわけですから、いなくなっていいはずです。それでも残留しているのは、ソ連や中国大陸での国共内戦というものを考えて、世界戦略上必要だったからです。そうした中で、マッカーサーの指示で警察予備隊がつくられるわけです。

国家公安委員長などを務めた後藤田正晴さんの本や、内海倫さんの「オーラル・ヒストリー」を読むと、当時警備課長だった後藤田さんは、警察予備隊の編成が米国の陸軍と同じなので、これは一体どういうことなのかと疑問を持つわけです。警察予備隊の創設が何を意図しているのか、それは装備をみるのが一番いいと。装備品は戦争をたたかえるようになっているのですが、一番ショックをうけるのは、戦死者を持ち帰る袋が七万五千ぐらい用意してあったことです。

**小森**　戦死者を持ち帰る袋ですか。なるほど。

**孫崎**　軍隊としての警察予備隊には死者を扱う特別の中隊があるのですが、一人用の野戦用テントとか戦死者を入れる袋が装備品として付いている。内海さんと後藤田さんは、朝鮮戦争の事態が深刻化していったら、この軍隊を朝鮮にもっていくという意図でつくったのではないだろうか、という共通の認識を持つのです。警察予備隊は、アメリカの戦略のための補完部隊として使うということを意図してつくったのではないかということです。

警察予備隊の成立過程でもう一つ申し上げたかったのは、法律ではなく政令で決められたということです。日本国憲法では、国権の最高機関は国会だということになっています。しかしながら、アメリカが使うための軍事組織をつくるときには、国会で審議をさせなかったということになります。それは、民主主義を崩壊させているに等しいのです。しかも進駐軍は、日本社会党の書記長だった浅沼稲次郎を呼んで、もしもこれに反対するなら、それは占領体制に対する反対だと脅しているわけです。

小森　マッカーサーが直接呼んだのですか？

孫崎　呼んだのは課長レベルですが、国会を無視してそうしたことをやっているのです。さらに、日本社会党の鈴木茂三郎委員長が違憲裁判手続法案を提案しますが、これに対して直接利害が生じてない問題については憲法審議の判断をしてはならないという圧力をかけてくる。米国の利益のためには、民主主義も崩壊させていいということだったわけです。

この問題に関して言うと、自民党が憲法改正草案で持ち出した緊急事態条項があります。憲法改正でこれが持ち込まれると、緊急事態と判断されれば、正常な民主主義のプロセスがストップさせられます。

小森　今の改憲で自民党が狙う緊急事態条項は、朝鮮戦争のときに、憲法と民主的な国家体制がアメリカによって失効させられた、それを反復するシステムだということですね。

孫崎　ものすごく似ています。両方とも、国内の安全を守るためではなく、場合によってはアメリカの戦略のために使うという目的を持ち、そのためには日本の民主主義を傷つけてもいいという点で酷似しているということを、今日述べたいと思ったのです。

和田　重要なご指摘だと思います。朝鮮戦争が起こった当時、アメリカ軍は一〇個師団しか持っていませんでしたが、そのうち四個師団が日本占領軍でした。当然ながら朝鮮で戦争するとなれば、日本の師団をもっていくことが必然的なわけです。それで日本の米軍基地は空になりますので、マッカーサーは、早い段階で日本政府に警察予備隊をつくれと命令します。これ以降、朝鮮戦争に対して日本を協力させる指令はすべてマッカーサーの命令として出されますが、マッカーサーは占領軍GHQの最高司令官ですから、日本はその命令に無条件に従うことを降伏文書によって約束させられているわけです。

そこで、吉田茂は、この戦争に対して精神的には支持するが、積極的にこの戦争を支えることはできない、しかし連合国総司令官の命令には従います、という態度をとりました。最大限の協力をするというのは裏の話ですが、表ではGHQの命令には従わなければならないと言っていました。社会党のほうも、連合国司令官の命令に従うのはやむを得ないが、それを超えて積極的に戦争に協力することは、憲法の精神にてらしてダメだと主張していました。

結局どうなるかというと、平和憲法のもとにある平和国家だという形は維持しつつ、アメリカが主導しているこの戦争では、韓国支援のために協力するという形になったわけです。韓国の南基正《ナムキジョン》氏は、平和国家が基地国家になったと主張していますが、朝鮮戦争を通じて、日本は平和国家という建前は崩さずに、基地国家になった、というのが私の見解です。そのからくりの基本は、連合国司令官の命令には絶対服従しなければならないという前提で、それと憲法上の規定とを両立させるようにしたのが、日本の戦争協力ではないかということです。

**小森**　なるほど。その下でつくられた警察予備隊についてはどのようにお考えですか。孫崎さんの見解とも関連させてお話しください。

**和田**　それについて言えば、それぞれにいろいろな思惑があったと思います。例えば、警察予備隊を実際につくる指導をした、旧陸軍の軍人たちの考え方はどうであったかといったこともありますが、それをつくった瞬間にははっきりしなかったのかもしれません。ただ連合軍にすれば、朝鮮戦争を戦うには四個師団では足りないことははっきりしています。実際に、四個師団を送っても最初はほぼ全滅状況になってしまい、アメリカの師団長ディーン少将は大田《テジョン》の戦いで北朝鮮軍の捕虜になってしまうわけです。アメリカ軍は日本でのんびり遊んでいたところに戦争にいけと言われ、装備もないし大隊も不完全編成ですから、猫の手も借りたいという状況でした。連れて行った日本人のコックとか大工に、アメリカの制服を着せてカービン銃を持たせなければとても戦えない状態だったことは確かです。そういう事態になったのに、これらの日本人は密航とか不法な手段で戦場にいったということにして、アメリカ軍は一切責任をとらない、戦死しても全く無視しているということが、ＮＨＫの番組で最近明らかにされました。

ということは、警察予備隊をつくった時点では、アメリカ軍がいなくなった基地を守らなければならない。共産党や在日朝鮮人の闘争が予想されますから、それから基地を守るものとして、マッカーサーがつくらせたと考えるのが妥当です。私としては、最初から警察予備隊を韓国に派遣するということは考えていなかったのだと思います。なにせ、韓国大統領は李承晩ですから、日本軍など絶対に来させるなというわけですから、無理です。つくった日本のほうも、警察の予備隊だから警察的機能を広げたところで止めたいというのが、吉田茂や関係者の考えでもあったわけでしょう。海外派遣はそう簡単ではありません。孫崎さんがおっしゃった点は、いろいろ出ている構想の中の一つだったとは思いますが、形としては、マッカーサーの指令に無条件に従うということと、日本としては戦争をしないという決断とがくっついていた、ということは認めなければならないと思います。

**小森**　そうすると、初期段階の六月から九月ぐらいまでは、軍を送っても潰されていくわけですが、仁川《インチョン》からの一斉上陸で局面が変わりますね。あのあたりのマッカーサーやアメリカの判断はどのように形成されたのですか。

**和田**　マッカーサーにとって、仁川上陸作戦は精鋭部隊によるものでした。半分は海兵隊ですが、半分はアメリカから来た第七師団です。海兵隊と第七師団の精鋭部隊を横浜と神戸から出したわけです。それは、兵力の増強、装備も含めて、アメリカ軍の総力を結集したものだったと思います。

もう一つ、アメリカの朝鮮戦争の関わりで重要なことは、爆撃です。嘉手納と横田から飛びたったB29の無差別爆撃が、北朝鮮に対して日本の空襲以上に徹底的に行われたのが、大きな意味を持ちました。それと海兵隊の新しい力とで突き破ったということだと思います。その海兵隊を運ぶのに使われたＬＳＴ（戦車兵員揚陸艦）は、その三分の二が日本に払い下げられた艦を日本人の船員もろともチャーターしたものでした。仁川上陸作戦の舟艇の大半を動かしたのは日本人の船員でした。日本の戦争協力は、鉄砲をもった兵力を送るというよりは、そういう形だったのだと思います。

**小森**　そこから休戦協定に至るまでに、国際的にはどういう力関係が働いていったのでしょうか。戦争の収め方に日本は直接関わったのですか。

**孫崎**　日本はほとんど関係しませんでしたね。

**和田**　停戦会談が延びた理由は、捕虜問題でした。ジュネーブ協定に従うと、捕虜は元の国に返すということになっていますから、中国・北朝鮮はそう要求したわけです。ところが、アメリカのトルーマンは、これは自由のための戦争であり、捕虜は自由を求めて我々のほうに逃げてきた難民だという考えですから、帰りたくないという捕虜は帰さない、と主張させたのです。中国は、それは絶対に受け入れられないと言う。金日成は、米軍の爆撃でダムまで壊されて電力がなくなり、平壌も建物がなくなって石器時代のような状況ですから、一日も早く止めたくなった。しかし、毛沢東はアメリカの不当な要求をのんだらダメだと言い、スターリンも毛沢東がやるというのならそれを支持する、というので延びたのです。

それが妥結に向かったのは、スターリンが死んだからです。スターリンは毛沢東が戦うと言う限りはそれを支持する、支持しなければ義理が立たないという立場です。そのスターリンが死んだので、ソ連の後継者たちは、すぐに戦争を止めろと中国に迫りました。それを中国が受け入れたので、金日成は喜んだわけです。

小森　毛沢東だけが、筋を通さなければいけないとして抵抗したわけですか。

和田　毛沢東にとって何が問題かというと、中国人捕虜が三万人ぐらいいたのですが、そのうち三分の二の二万人は本国に帰らずに台湾に行ってしまうことになりそうだったということです。国連軍は、台湾政府に参戦は認めないが、特殊要員の派遣を要請します。それで、台湾の特務がきて、中国人捕虜に中国語で語りかけ、彼らを説得したわけです。中国ではなく台湾へ行くように。イヤだという人は殺されたりして、たいへんな騒ぎになりました。結果的には、二万人ぐらいが一九五三年一二月三日に台湾に上陸します。台湾ではこれを「一二三自由の日」と呼んで記念日になっています。台湾は、朝鮮戦争で勝利したと言って喜んだのです。

中国の人民解放軍のなかには、国民党軍が降伏して、人民解放軍に編入された部隊がいました。中国が軍を朝鮮戦争に送るときに、国を守るために精鋭部隊は残しておいて、そういう部隊を先に出したということもありうるわけです。

小森　初めて聞きました。台湾のほうはこれを世界戦争にして、中華人民共和国を取り戻したかったのでしょうから、意味づけがまったく違うわけですね。

和田　それはできなかったけれども、捕虜の三分の二はとったというわけです。しかし、台湾に行った人は、本国に残っている妻や子どもとは切り離されてしまいました。それが解決したのは、両岸関係（台湾海峡両岸関係）が好転して中国と台湾が交流できるようになってからで、そのときに三〇年ぶりに涙ながらに再会するということになります。一方、中国に帰った捕虜も大変な目にあいます。台湾の工作によってスパイなったのではないかと見られ、軍籍や党籍を剥奪された人も多いのです。名誉回復がなされ、この人たちの辛い人生に終止符が打たれたのは、鄧小平路線になってからです。

戦争が終わったときに、アメリカのアイゼンハワー大統領は、侵略を跳ね返すためのコストは大変なものだったと言いました。戦場での戦いも大変でしたが、他にもさまざまな戦線があって闘いが続いたというわけです。

**小森**　勝利だとは言っていないのですね。

**和田**　戦争が終わり、アメリカ兵たちは太平洋を渡って母国に帰るわけですが、船の中は非常に暗い気分で、誰も何も語らなかったそうです。朝鮮戦争は、アメリカが勝利しないで終わった最初の戦争でした。日本に勝った太平洋戦争は、アジアで戦ったアメリカ兵にとって、輝かしい戦争だったわけです。ところが、朝鮮では勝てなかったわけですから、負けて帰ったような感じになっていたわけです。

ただ、ダレスは、難民救済の新しい原則の勝利であると言っています。帰りたくない捕虜は帰さずに、選択を可能にするという原則を確立したというわけです。

## 4　朝鮮戦争終結後の日本とアジア

小森　一九五三年七月二二七日に朝鮮戦争休戦協定が結ばれ、以降今日まで休戦状態が続くことになります。朝鮮戦争の終結は、日本の外交や内政のあり方にとって、どういう問題を残したのでしょうか。

和田　日本はというと、朝鮮戦争は「金のなる木」ですから、続いてほしいという考えです。停戦は結構だけれど、自国の経済はどうなるだろうかという心配です。岡崎外務大臣が国会の答弁で言ったことは二つです。一つは、停戦会談後に政治会談を開いて外国軍隊の撤退と朝鮮の統一について取り決めを行うことになっていましたが、この会議に日本を加えろということです。日本も戦争に関わったというつもりでしょうね。ところがダメだと言われ、その会議の出席者たちに日本の考えを伝え、日本の利益になるように働いてもらおう、というわけです。

もう一つは、特需のおかげで天祐ともいわれた朝鮮戦争が終わったら、それに代わるものを見つけることは難しい、という話です。不安が先立っているわけです。日本のなかで、戦争が終わったといって喜んだのは、朝鮮総連の前身である在日朝鮮人の組織だけです。日比谷公会堂で四〇〇〇人を集めて慶祝集会をやりました。韓国の民団（在日本大韓民国民団）の方は、本国も一切祝賀はありませんでしたが、こちらもお葬式のような感じだったのです。

**孫崎**　朝鮮戦争後の問題では、中国の位置づけが大きな問題になります。中国と国交回復するまでのプロセスを見ると、虚構的な台湾を国連加盟国として中国の代表だということで、日本が先兵となってがんばるという構図がずっと続いていくわけです。

**和田**　一九五一年九月に対日講和が結ばれ、同時に日米安保条約（旧安保条約）も結ばれて、日本とアメリカの戦後の形ができます。それは、朝鮮戦争が終わってからではなくて、戦争中のことでした。朝鮮が最前線で戦争状態にあり、日本は後方基地として、アメリカの司令部も置かれている状態のもとで、サンフランシスコ体制ができ上がるわけです。そこで、日本の軍事力をどうするのかということが大きい問題になります。それまでは警察予備隊だけでしたが、講和後の一九五二年に保安隊になり、五四年に自衛隊になるわけです。その位置づけが問題でした。アメリカが講和条約を結んで占領体制を終わらせるときに、ダレス国務長官が来て言ったことは、どこにでも、必要なだけ、いつまでも我々の軍隊を日本に置きたい、それを日本が認めるかどうかが問題だということでした。マッカーサーに聞くと、それは可能だとのことだが、もし日本政府がそれを認めれば、主権国家として問題があるとそしりを受けることになり、問題が残るとダレスは見ていますね。

私の考えでは、アメリカにとって日本を基地として維持し続けるのが絶対的なことだとすると、日本が丸裸のままアメリカの軍隊が存在していたら、占領状態と同じで、日本は独立国家ということにはならない。日本にある程度の軍事力をもたせれば、もちろんアメリカがコントロールするわけですが、日本は主権を持った国家だという形はとれます。そのもとで、アメリカに基地を提供し、自由に使わせる国にしたい、という考え方があったのではないかと思います。

ですから、日本でつくられた自衛隊という軍隊は、さきほど孫崎さんがおっしゃったこととは少し矛盾しますが、海外に派兵するための軍隊としてつくられたのではないと思います。自衛隊法が国会を通過したときに、海外派兵禁止の参議院決議ができます。これは、参議院議員の鶴見祐輔氏が提案したもので、自民党、社会党も含めて超党派の提案で通るのです。アメリカはこの海外派兵禁止決議をどう受け止めたのか。そこをみなさんにも伺いたいと思います。

**小森**　あの参議院の決議は非常に重要な決議だったと思います。その後の自衛隊をめぐる議論を決定していきますものね。

**和田**　趣旨説明の中で、鶴見祐輔氏は、日本人の戦争に対する反省から言えることは、戦争によっては何事も解決しないということだと言っています。朝鮮戦争も何も解決しなかったではないか、と言っているのです。だから、朝鮮戦争を経たあとで自衛隊ができたが、派兵はしないという縛りをかけたということなのです。

**小森**　私も常に強調していることは、朝鮮戦争のただ中で講和条約がサンフランシスコで結ばれたということです。日本列島全体が前線基地になって日々アメリカ軍が出撃している、野戦病院もある。そういう状況下では、植民地支配をしていた朝鮮半島は国家として入ってこないし、中華人民共和国も入ってこないだろうし、ソ連も退くだろう。そういうなかで、片側講和といわれる条約を結んで、日本が名目上の独立をし、旧日米安全保障条約や日米地位協定で、アメリカが日本に防衛力をもつことを要求するという項目が入ります。ここから警察予備隊が保安隊になり、自衛隊が創設される。この体制が、今日まで続いているわけです。

**孫崎**　お二人のお話をお聞きして、アメリカの日本軍に対する位置づけには二つの要素があると思いました。戦争直後には、日本に軍隊をもたしたら、アジアにもう一回何かをするのではないか、という懸念があったわけです。それが、朝鮮戦争になって、場合によっては日本軍を使えるのではないかという、もう一つの考え方が出てきたのではないか。一九五〇年代に自衛隊が創設されますが、内実として旧軍の人たちを中心につくられていますから、これが元に戻る可能性があるわけです。

あの時期に「米軍のふた論」というのがありました。日本に米軍が駐留して「ふた」の役割を果たしているから日本は暴走しないのだ、というものです。朝鮮戦争の最中には、軍隊として使いたいという思惑があったけれども、人的構成を見ても、日本の政治体制のなかには、かつて第二次世界大戦、日中戦争を遂行した人たちがいますから、これを押さえておかなければいけない。海外に派兵する可能性を剥奪しておきたいという側に戻るのではないかと思います。それが、八〇年代ぐらいから、精神的にもアメリカに完全に依存し、日本独自に動くことはなくなってくる。中曽根政権ごろになると、何の怖さもない軍隊になって、これを活用しようという方向に雰囲気が変わっていくのではないでしょうか。

繰り返しますと、五〇年代、六〇年代というのは、日本に軍部を持たせれば、もう一回アジアにおかしいことをするかもしれないという傾向が強かった。それが、完全に米国に従属する国になるなかで、八〇年代ぐらいから、アメリカの対日政策、軍事組織に対する考え方が変わってくるのではないかということです。

**和田**　朝鮮戦争では、朝鮮半島で日本の軍事組織が戦争参加することは韓国が認めません。そもそも、サンフランシスコ条約は、アメリカが朝鮮で戦争をするのを日本が助ける体制なわけです。そのときに、日本軍がそこにいって戦闘をするということは、李承晩大統領から排除されているのです。

もう一つはアメリカの敵としての中国とソ連ですが、中国もアメリカとは戦争をやらない方針でしょう。アメリカとしても、中国と戦争をして、それに日本軍を使うという考えはなかったと思います。日本の自衛隊はソ連が侵攻してくるという想定のもとで存在していたように見えますが、米ソ間でも一度も戦争しようという気はなかったわけですから、自衛隊はまったくの仮想の中の軍事組織だったと思います。

自衛隊を国外に出すということについて言えば、ベトナム戦争のときが可能性が最も大きかったと思います。米国はこの戦争に韓国軍を使いましたが、ベトナムだったら日本軍を使っても構わなかったと思います。ですから、あのときが一番危なかった時期ではないかと思います。いずれにしろ、六〇年まではそういう考えはなかったでしょう。

小森　朝鮮戦争の終結から、一九六〇年の日米安保条約の改定を経て、ベトナム戦争までをどう考えるかは大事ですね。いま問題になっている徴用工問題でも、さかのぼると一九六五年に結ばれた日韓条約がどうだったのかということにかかわってくるわけです。日米安保条約をより双務的に改定し、それに対して国民の強い反発をくらった岸信介政権が総辞職して、間に池田勇人をはさんで、岸の実弟の佐藤栄作政権になるでしょ。日韓条約を結んだときに、韓国は朴正煕軍事独裁政権でした。ベトナム戦争にケネディ政権が関与するという方向に転換して、キューバ危機が起こります。この転換点をどう位置づけたらいいのか、朝鮮戦争七〇年という枠組みのなかで改めて考えてみたいと思います。

孫崎　私の感じでは、岸信介以降、安全保障問題で日本が独自に動く懸念がなくなるときだと思います。岸信介については、私は安保闘争も含めて違った見方をしているのですが、彼は「両眼の岸」と呼ばれているように複雑な人間であり、一本槍ではないわけです。満州にかかわったかなりのナショナリストですですから、米軍が完全に日本をコントロールする日米地位協定的な体制は、嫌だったと思います。今日まで続く地位協定に手を付けるということが、彼の安保改定のときの大きな命題だったのです。

小森　そういう側面を持った政治家だったのですか。サンフランシスコ講和条約と日米安保条約を結ぶなかで、地位協定を押し付けられた。この体制を転換させたかったのですね。

孫崎　そうだと思います。彼は、安保条約の改定のときに、地位協定の改定まで考えているのです。安保闘争の最後のところでは、アメリカはこれにものすごく危機感をもちます。それで、池田勇人に切りかえるわけです。岸切りがその時点で起こったのはなぜかというと、地位協定まで改定しなければいけないという考えが彼にはあったからです。ですから、アメリカの反発を恐れて、それ以降はそこに手を付ける政治家はほとんどいなくなるのです。私は、そこが分水嶺だと思っているのです。

それまでは、アメリカは、日本の軍隊を作り、軍人を育てようとしても、どこかに危険性を感じていたと思います。それは岸といった人たちが日本の政権についていたからです。それが、池田以降はそういう恐れのある政治家はいなくなって、日本に対する安全保障は好き放題にできるということになってくるのではないかと思います。

**和田**　岸信介が引退するについてのお考えは、深い分析だと思います。たしかに岸氏が、安保改定を考えるときに、一種のナショナリズムが底にあったことは確かです。問題は、それを経て六〇年代半ばにベトナム戦争が本格化することです。

## 5　ベトナム戦争とアメリカの対日政策

**小森**　ベトナムでは、フランスが第二次世界大戦後も継続していた植民地支配をアメリカが肩代わりして、戦争に突入します。

**和田**　アメリカにとっては、ベトナム戦争は朝鮮戦争の延長です。今度は韓国軍五万人をベトナムにもっていく。引き続き、沖縄を含めて日本の協力体制をとろうとしたのですが、そこで障害にぶつかったわけです。ベトナム戦争反対の運動が強力になり、日本からは脱走兵が出て、在日米軍が解体しかねない状況になった。地位協定が逆の働きをして、それがあるから脱走兵の日本脱出を援助しても無罪だということになってしまった。だから地位協定を変えるということにはなりませんでしたが、ベトナム戦争を拡大した段階でアメリカの体制の矛盾が露呈したのです。アメリカ本国も反戦・反軍運動が高まり、大変なことになって、「アメリカも革命」寸前の状況になっていました。

そこで、アメリカとしては、ベトナム後をどう乗り越えるかが大きい問題になってきます。そこでアメリカは中ソの分裂に乗じます。米中は和解して、ベトナムと北朝鮮も分裂してしまいます。ベトナム戦争に対する抵抗運動はすばらしかったけれども、戦争が終わった途端に、何がなんだかわからない状況になってしまいました。アメリカが立て直しをはかってやった結果です。

**孫崎**　ベトナム戦争については、六〇年ぐらいから、アメリカの中でも、アジア人のために血を流すのはばかばかしいという感じが出てきましたから、アメリカの対日関与もほとんどなくなってくるわけです。では、日本の国内はどうかといいますと、たとえば外務省ではアメリカが大事だという人たちは主導権を握れなくなります。ベトナム戦争後は、アジアが大切だという人たちが中枢に入ってくるのです。

韓国大使になる須之部さんといった人たちが次官になるのですが、須之部さんなどの考え方の人は、アメリカとの対峙の仕方が違うのです。それが一九七〇年代末から八〇年はじめに変わってくるのです。なぜかというと、ソ連の出方が変わってくるからです。

六〇年末ぐらいから、大陸間弾道弾が重要になってくると、日本とかトルコ、ドイツなどの基地の重要性が低下してきて、米ソが自分たちだけで対応すればいいという感じになりました。ところが、七〇年末から八〇年のはじめに、ソ連がオホーツク海に潜水艦を配備します。そうすると、初めて実効的な第二撃能力をもつことになるわけです。そうした事態は、アメリカは理論的には受け入れるのですが、軍人レベルからいうと受け入れられないのですね。ソ連に第二撃を与えられたくないとすると、オホーツク海に進出しないといけませんが、そのときに重要なのは、潜水艦を見つけるP3C哨戒機が必要になってきます。米軍はこれを日本に持たせて使おうというわけです。日本の中曽根政権は、マラッカ海峡などにゲリラが出てくるのでシーレーンを守らなければならないという大義名分で、莫大なP3Cを買うのです。中曽根首相の言う「不沈空母」です。

**小森**　そこからP3Cの新たな活用が始まってくる。つまり、世界戦争で使う武器のあり方が変わったから、どういう配備をするのかが問われたわけですね。

**孫崎**　そうです。一時期日本の役割はあまりなくなるのですが、このへんからアメリカは、もう一度日本を使うという構想で日本を見始めるのです。それが八〇年代です。

和田　日本の軍事力ができてくるプロセスでいえば、警察予備隊・保安隊から陸上自衛隊ができますが、それは警察を出発点にして生まれました。一方、海上警備隊が海上自衛隊になっていく過程では、最初から元海軍の軍人がコミットしてできました。日本の陸軍はあの戦争でひどいことをしたからその伝統は否定しなければならないが、海軍は開明的でリベラルであるかのような印象があったので、伝統の継承が許されたようです。加えて、海上自衛隊はアメリカに対しても親和的であり、もともと外に行くのが仕事でした。空軍も同じです。海上自衛隊、航空自衛隊は、アメリカとの関係で、外向きに使える軍隊として潜在力をもってきたのではないかと思います。

孫崎　ご指摘の通りだと思います。運用の仕方でも、指揮命令の体系でも、空海は米軍と完全に一体なのです。共同作戦も積み重ね、早い段階から米国との一体感がでてきています。陸上自衛隊は国内中心でしたから、米軍と一体になる必要性はないわけですから、米国との結びつきはかなり弱かった。ということは、自衛隊全体としてもオールアメリカべったりではないという構図がありました。それが変わるのがイラク戦争であり、集団的自衛権によって陸上自衛隊も外に出そうという動きになってきました。かつては空海だけがアメリカと一体だったのが、陸も一緒になることによって自衛隊の形が変えられていくのです。

小森　そういう変化が八〇年代から起きる中で、一九八九年にベルリンの壁が崩され、いわゆる冷戦構造といわれる体制が崩壊します。ちょうどその頃、金学順《キムハクスン》さんが自ら元「従軍慰安婦」だと実名を挙げての訴えがあり、大きな政治問題になります。それが、湾岸戦争でアメリカから日本の自衛隊の派遣が求められているところと重なります。そのころ、北朝鮮との国交回復問題もそれなりに煮詰まってきて、自民党幹事長の金丸信と社会党委員長の田邊誠が金日成大統領と会談するというところまでいきました。たまたまですが、九一年に北朝鮮と韓国が国連に同時加盟するということもあり、岸信介・佐藤栄作による日韓条約体制が揺るぎます。このへんから、別のきな臭さが匂ってきたような気がしてなりません。

**孫崎**　ソ連が崩壊することによって、一九八〇年代終わりから九〇年代の初めにかけて、米国にとっての国家全体の最大の敵は日本になってきます。

**小森**　アメリカにとって国家全体の敵が日本とは、衝撃が走りました。

**孫崎**　つまり、ソ連の軍事的な脅威がほとんど感じられなくなったわけです。その時期、自動車は日本がアメリカのビック3を圧倒する。鉄鋼も日本がアメリカを凌駕する。ロックフェラーセンターを日本が買い、ハリウッドでもコロンビアやユニバーサルを買収する。ということで、ソ連の崩壊後、アメリカ国民にとって脅威を与えている敵国は日本とドイツという形になります。そこで、マクナマラ国防長官は、軍事優先から経済優先へと政策転換を求め、軍事費を大幅に削減してそれを経済に注ぎ込もうと提言するわけです。これはもっともな提言なのですが、これに対し、軍出身のパウエル国務長官などが、アメリカは世界最高の軍事国家になったのだから、これで世界を統治していこうという議論を展開し、結局そのグループが勝つのです。これが、「ボトムアップレビュー」という一九九二、九三年にでるアメリカの戦略となります。

ソ連が崩壊して軍事的な敵がいなくなったのに、軍事力を増強していこうとすると、どうしても新たな敵が必要になります。ブッシュ政権は、軍事態勢をこれまでの東西ではなく南北で考えようと、イラン、イラク、北朝鮮を「悪の枢軸国」として攻撃の対象にします。ところが、これらの不安定な国が核兵器をつくったとしても、アメリカを攻撃する力はない。そこで、先制的に介入するということを考えるのです。これまでの国連の建前は、攻撃されたらこれに応ずるという、朝鮮戦争のパターンでしたが、アメリカが自ら積極的に攻撃に出ようという対決姿勢をとるようになります。これが一つ。

もう一つが、ドイツと日本をどうするかということです。自国は軍事優先で行こうとするとき、ドイツと日本が軍事優先にいかずに経済政策を強めたら、ますます自分たちは追い込まれる。そこで、ドイツと日本を自分たちの戦略に加えることを考えるわけです。そのときに、日本には憲法九条があって平和志向だから、いきなり軍事に参加しろといっても無理だということで、最初にやるのは、自衛隊を人道支援と災害救助で海外展開します。メキシコに地震が起きると、何の必然性もないのに災害救助という形で自衛隊を派遣するなど、日本人の海外派遣へのアレルギーを次第になくし、もう軍事に使っても大丈夫だと日米で合意するのが二〇〇五年なのです。

**和田**　アメリカの考えについてはよくわかりましたが、もう一つ、アジアから見れば、そちらの都合があります。七〇年代から朴正煕の維新体制に対する民主化運動が韓国で起こってきます。この運動は執拗に続き、一九八七年の民主革命に至り軍事独裁政治を崩壊させます。そこから韓国の国民は日本に対して、過去の植民地支配に対する反省を求め、特別の被害を受けた「慰安婦」たちへの謝罪と補償を求める動きが出てくるのが九〇年です。この変化の影響によって、日米関係にも問題が投げかけられます。

もう一つは、米中の和解によって、中国は完全に朝鮮戦争から離れます。中国は国連軍一六カ国とすべて国交を樹立します。平和協定がなくても中国にとっては朝鮮戦争は終わったのも同然ということになりました。米ソの冷戦が終わり、ソ連は九〇年に韓国と国交を樹立します。こうしたなかで、北朝鮮は孤立し、その中で危機を乗り切るために、二つのオプションを採用します。一つは、ソ連の核の傘がなくなったので、自前の核兵器をもつということです。もう一つは、日本と国交正常化をはかる、ということです。

韓国の民主化とアジアの変化とが冷戦の終わりと同じ時期に起こり、そこから朝鮮半島と東アジアの秩序に問題が発生します。最終的に朝鮮をめぐる新しい米朝対立が大きな意味をもつことになっていくのです。

**小森**　その新しい米朝対立が噴き出したときに、日本では宮澤喜一政権の不信任案が通り、核不拡散条約問題をめぐる総選挙で細川護熙政権に変わります。

**孫崎**　また全然ちがう話をしますが、ある検事とこんな話をしました。彼は、日本政治を見ると、長い間、裏社会はCIA（アメリカ中央情報局）系とKGB（ソ連国家保安委員会）系とがありましたが、冷戦が終わってKGB的な力がなくなると、裏社会は片方だけになるわけです。しかし一本で収まらずに抗争分裂が始まる。だから、自民党的な政治態勢も必ず割れますよ、と言っていました。冷戦が終わって新しい秩序になるにつけ、大きな変化が起こったと思うのです。ヨーロッパでは、論理的にことを解決しようという伝統的な考えがあり、冷戦の対立が終わったのだから平和的な方向に移行しようというので、無理なく進行したと思います。

**和田**　東欧の民主化ですね。

**孫崎**　ところが、東アジアと日本では、歪んだ形で冷戦終結後の対応が始まります。細川政権は特にそうですが、防衛庁も、冷戦が終わったからこれまでのような軍事対決の構図が不必要になり、平和的な国際関係と結びついて日本を再構築しようという動きが出てきます。これが、アサヒビール会長の樋口レポートになるわけです。しかしアメリカは、ロジカル的には樋口レポート的な平和なアジアでもいいと言いながら、実体としてはそれを許さないとして、日本を中核にして新しい軍事体制をつくる方向で動きます。そこには論理性がありませんから、矛盾した対日政策が始まるのです。

**和田**　そうした新しい状況をどう乗り切っていくのか、いろいろな構想が出てくるということになります。まず中国の決断があります。ソ連が崩壊したなかで、共産党国家体制を維持しながら国家資本主義的な経済に移っていこうというのです。改革開放政策で資本主義化するのですから、社会主義ではなくなってしまうわけです。そういう中で、韓国も北朝鮮も新たな対応を模索しますが、一番大変だったのは北朝鮮です。北朝鮮は、さきほど言いましたように、核武装と日本との国交正常化の二つを目指しますが、これは矛盾するわけです。アメリカは核開発、核武装化を絶対に認めません。核をつくる北朝鮮と日本が国交正常化することは許さないという態度です。だから、日本としてはいろいろな試みはなされるけれど、みな潰れて、アメリカの意向に流されていく、ということではないかと思います。

**孫崎** 朝鮮半島は、ご指摘のように、民主化の動きとか、南北の和平をめざす流れは確実に出てきますが、米国は何があっても北朝鮮を敵としなければいけないということですから、国防政策は論理的には成り立ちません。客観情勢をみて朝鮮政策が出てくるのではなく、アメリカ軍のために北朝鮮は悪にしなければいけないという構図が、今日まで続いてきているのです。

**和田** 日朝の交渉は、九一年に始まって二年間に八回会談をやりましたが、結局決裂してしまいます。それから八年間ぐらいストップし、二〇〇〇年に再開して三回やりましたが実りませんでした。それで、小泉政権のもとで、外務省アジア大洋州局長の田中均氏が北朝鮮と秘密交渉を行い、とうとう日朝首脳会談、日朝平壌宣言までいきますが、これもダメだということで潰されました。手嶋龍一というNHK出身のジャーナリストが『ウルトラ・ダラー』（新潮文庫）という小説を書いて、田中均さんを社会的に葬ろうとするわけです。日朝平壌宣言では、新しい平和的な日朝関係を開くという方向が示されたのですが、アメリカはこれを絶対に認めなかったわけです。

**孫崎** 田中均さんの動きは、クリントン政権の延長線でした。クリントン大統領は、軍事的に介入することは好みませんでしたから、北朝鮮との国交回復を本当に考えていたと思います。私は九七年から九九年、外務省の国際情報局長でしたが、アメリカのその考えが伝わってきました。

和田　北朝鮮軍のナンバー2である趙明録《チョミョンロク》がワシントンに行ってクリントン大統領と会い、オルブライト国務長官が平壌に行くということもありました。二〇〇〇年の米大統領選挙で、民主党のアル・ゴア候補が勝っていたら、その方向にいったかもしれないという状況があったわけです。

孫崎　さきほども言いましたが、イラン、イラク、北朝鮮を悪として体制をとるという方向が、クリントン政権の一時期にはこれを外そうという感じになり、日本もそれに乗ろうとするのですが、二〇〇一年に発生した九・一一同時多発テロによって、もう一回「悪の枢軸」路線のほうに切り替わってくるのです。

和田　二〇〇二年には、小泉、福田、田中氏らは外務省の親米派にも知らせず、官邸の中では安倍官房副長官にも知らせずに、秘密で交渉したわけです。それは、よくよくのことではないかと思います。

孫崎　外務省というのは、省内でも広く知らせずにことを進める傾向があるのです。私が国際情報局の課長の時、その時々に必要な情報を幹部により迅速に、より簡単に知らしめるようにするかを、コンピューターを使って行うプログラムを進めていたことがあったのです。それについて、外務省の幹部が集まり協議したのです。その時ある幹部（日中国交回復で中国課長として重要な役割を果たした人〉から、孫崎は外務省を全く知らないと言われました。外務省というのは、重要な案件は課長と次官と首相がわかっていればそれでいいのだと、そういう時代でした。今は課長の力はなくなりましたが、一時期は課長が首相官邸にいき、それを次官に報告する、そういう感じで動かしていました。田中均さんは朝鮮半島の責任者でしたから、他の人間が何を思っていても、やれたわけです。

**和田**　しかし結局、アメリカに事前に知らせなかったために潰されたのですね。

**孫崎**　申し訳ないけれども、田中均さんは情勢を見誤ったと思います。その前のオルブライト長官のときに、北朝鮮との国交回復をやろうとしましたが、実らなかったわけです。そのことは、イランとの関係を見るとよく分かります。九・一一が起こり、ブッシュ政権がアフガニスタンにタリバンを攻撃しにいくときに北部連合をつくります。関係諸国は当初アメリカとの協力に反対しますが、イランを取り込み戦略的関係ができたことによってアメリカとの協力関係にいくのです。アメリカの中でも、イランとの関係をよくすることを真剣に考え、「悪の枢軸」路線を修正しようとしたグループがある程度、影響力をもつのです。それが二〇〇二年の一般教書で再び「悪の枢軸」路線になるのですが、そこを見誤ったのです。アメリカの北朝鮮専門家・ビクター・チャが、二〇〇二年の『フォーリン・アフェアーズ』に、核の問題を抜きにして韓国、日本が北と仲良くするのは許さないと書く状況になっていたのです。

**和田**　二〇〇〇年に国交交渉がダメになった後に秘密交渉になるのですが、それは北朝鮮から要請がきたわけです。それに応じて田中さんたちは、平壌に行ったわけですが、アメリカがどう出てくるかということは、わかっていたのではないでしょうか。

**孫崎**　イラン、イラク、北朝鮮というのは虚構の敵であり、その敵を排除するという動きは、一九九九年ぐらいは強かったのですが、その後は三つの「悪の枢軸」は敵にはしていないのです。ブッシュが大統領選挙に勝ち、二〇〇一年の九月に九・一一が起こった直後もしばらくの間は、三つの国を敵とするという強固な路線にはいっておらず、空白の時期があった。それが急速に変わるのは、二〇〇二年の一般教書の直前からです。その一般教書で明確になったシグナルを、外務省はしっかり見ていなかったのだと思います。

**和田**　いずれにしても、アメリカの決定的な反対があって、小泉首相の訪朝の成果は潰れるわけです。しかし、アメリカにも直前にしか知らせずに、秘密交渉をして、平壌宣言を結ぶまでに至ったということは、特別の覚悟に基づく行為のような気がしましたね。安倍官房副長官にもまったく知らせなかったのです。訪朝の後に、「あなたが小泉訪朝を知ったのはいつですか」との野党議員の国会質問に対し、安倍氏は「八月二〇日の朝でした」と答えるわけです。

**孫崎**　拉致問題が起きた一九八〇年代の雰囲気は、拉致問題はさておいて国交回復の話を先にしましょうというのが外務省のスタンスだったと思います。ところがその時期に、拉致問題は絶対的に大事な問題だと言っていたのが安倍さんですよね。ということは、朝鮮半島の問題について、安倍さんと話をしてもややこしいことになるだけだから、安倍さんは外してやろうという気持ちで動いていたのだと思います。

和田　そうでしょうね。しかし、安倍氏にとっては大きなトラウマですよね。八月二〇日という日は、小泉首相が訪朝する計画を国民に発表した日なのですから。その日の朝まで官房副長官が知らされずにいて、国会の野党の質問でそのことを言わされるというのは、腸が煮えくり返るような思いだったのではないでしょうか。

## 6　安倍政権と日朝・日韓問題の解決方向

小森　安倍さんの名前が出てきましたが、いま韓国との関係は最悪といわれ、北朝鮮との問題もなかなか進みません。朝鮮戦争七〇周年の時点において、日本と朝鮮半島との関係をどうすべきなのか、改めてお伺いしたいと思います。

和田　安倍政権が二〇〇六年にできたときには、安倍首相は拉致問題をめぐって「拉致三原則」を出し、拉致問題を解決しなければ国交正常化はしない、解決というのは拉致した人を全員生きて帰すことだ、という路線を正式に打ち出しました。北朝鮮との交渉を否定し、全面対決路線に入ったわけです。それが、当時のアメリカの考え方と一番フィットしたものでした。つまり、アメリカは日朝秘密交渉を進めた小泉首相への〝懲罰〟として、安倍さんを後継者に推薦することを要求し、それに応じたことで小泉さんは政治家として生き延びたということかもしれません。

しかし、安倍さんの北朝鮮政策には、一種の怨念があります。安倍さんの祖父である岸信介までさかのぼると、彼の古い帝国主義的な路線からしても、朝鮮との関係は非常に重要だったわけです。それなのに、安倍さんは、岸信介の朝鮮重視論と切れていて、最初から朝鮮に対する強い反感を抱いてきた人だと考えます。「日本軍慰安婦」問題について、二〇一一年の韓国憲法裁判所の判決で、韓国政府がやってきた不作為は憲法違反だという判決が出ました。それで、韓国の李明博大統領が初めて、「慰安婦」問題を解決してほしいと日本政府に迫りました。続く朴槿恵大統領のときには、オバマ政権の後ろ立てをえて、韓米で圧力をかけてきました。オバマ大統領はクリントンと違って、ベトナム戦争に対しては肯定的な評価をしたとんでもない人ですが、人権問題として「慰安婦」問題には強く反応したわけです。それで、安倍首相は敗北し、二〇一五年一二月に日韓合意が結ばれるわけです。元「慰安婦」に謝罪をし、国庫から一〇億円をさし出すということになった。「慰安婦」に「お詫びと反省の気持ち」を表明した河野談話をなんとか否定しようとして二度目に総理になった安倍さんとしては、大層苦々しい思いではなかったかと思います。

それで韓国に対して強い不信感と反発が残っているところに、一六年から米朝の対立が激しくなり、安倍首相は北朝鮮に対して徹底的な締め付けを行い、トランプ大統領の対決路線に協力するということになっていったのです。この安倍さんの選択は、日本の政治家として考えれば、本当の意味で日本の国益を考えて出した政策というよりは、個人的な感情を基礎にしてアメリカの政策に応えるというものでした。

**小森**　そうした安倍首相とは対照的に、韓国の文在寅大統領が自ら仲介して、トランプ大統領と金正恩朝鮮労働党委員長が米朝会談に入るという展開になりました。

**和田**　安倍首相は、文在寅大統領が北になびいているのではないかと反発を強め、その後の米朝会談の軌道から外れていった。そして徴用工訴訟問題を契機に韓国との対立を深め、二〇一九年はじめには、韓国は相手にせずという姿勢をとるようになりました。安倍さんは、一九五四年生まれで、戦争も植民地支配も知らない政治家として、朝鮮半島は相手にせずという考え方を露出して、今日の問題になっていると私はみますね。

**孫崎**　私は、北朝鮮と韓国に対しては両方とも、あるべき望ましい路線から外れていると思っています。北朝鮮は、朝鮮戦争以降、圧倒的にアメリカの核の脅威にさらされてきました。アメリカは、二〇〇五年ぐらいから、北朝鮮、イラン、イラクに対し、通常兵力で処理できない場合は核兵器を使ってもよいという命令が出ているわけですから。そうすると、北朝鮮が核兵器を開発しようとする動機は、論理的に十分あるということになるわけです。

重要なことは、北朝鮮が仮に核を持ったとしても、それを管理できれば脅威にはならない、ということをはっきりさせることです。この論理は、キッシンジャーが述べていることでもあります。彼は、中小国で核兵器を持った国に対しては、それを使わないで国が崩壊することは認めない。

しかし、それを使ったらその国は必ず滅ぼされる。したがって我々がやるべき外交方針は、中小国が核兵器を持ったときには、その国に対して、あなたたちの国は潰さないということを約束してあげることが、核兵器問題の危機から脱することだ、と述べているのです。私は、これは極めて論理性がある発言だと思っています。それができれば、本来この問題は解決していくわけです。もちろん、朝鮮戦争を平和条約によって終結し、平和条約のなかに敵対的な軍事的なものは持ち込まないなど、さまざまな方法があるのですが、私は、アメリカに北朝鮮とイラン、イラクを仮想敵国化すべきだという路線がある限り、残念ながら北朝鮮問題を解決するということにはならないと思います。

では、日本がやるべき手段としては、どうあるべきか。日本は、北朝鮮に対しては、軍事的に国を壊すという方針には加担しない、と述べています。そうであれば、日本に対する北朝鮮の脅威はないということになります。もう一つの韓国問題ですが、今日、韓国を人為的に脅威にすることが政権にとってプラスである、という考えが出てきています。私の解釈は、今日のグローバリズムのなかで、第二次世界大戦後、工業で栄えていた国では工業力がだんだん衰退してきています。その結果、生活が良くなるのではなく、今まで以下になってくる。これが、イギリスやアメリカでスタートして、日本でもそれが確実に起ころうとしているわけです。だからこそ、国内の体制をどうするかということを考えなければいけないわけですが、それを真剣にやらずに、韓国を敵にすることによって政権を維持しようという構図が出てきたわけです。これに一般の人たちが乗っかっている。たとえば徴用工の問題でも、日韓基本条約と賠償の問題は六五年に解決済みだとしても、その後にできた国際人権規約によって、権利のある人が公的な人間によってその権利が剥奪されたとしても、この条約に署名する人たちは、その復権に努力しなければいけない、と定められているわけです。それを実は、日本の外務省も一九九一年に柳井条約局長がそう言っています。広島高裁その他も、中国が相手ですが、そのラインに沿って、個人の請求権は消えないと言っています。これまでそういう体制をとってきたのに、安倍政権がそれを急変させているのです。もちろん安倍さんの個人的な思惑があるかもしれませんが、それが政治的に利益になると判断したということです。

深刻なのは、安倍さんだけではなく、それは日本国民の問題だということです。国民が、自分たちの生活が苦しくなるなかで、将来像がきびしくなって、中国攻撃、韓国攻撃を一段とエスカレートすることを望む、その態勢に入ってきたのではないかと。重要なことは、韓国問題、北朝鮮問題についてあるべき姿を真剣に論ずることがなくなってきた、あるべき姿を論ずる人たちが排除されていく、それが確実に起こってきていることです。和田先生もそうお感じになっているのではないかと思いますが、日本の言論にそうしたゆがみが出てくるなかで、言論そのものがすごく厳しい状況に入ってきているという感じがしています。

**和田**　そういう流れが出てきていることは事実だと思います。しかし一方で、日韓の国民同士のつながりが増えてきているのも事実です。経済的に日本は困難になってきていますが、韓国も落ち目になりつつありますから、関係悪化でお互いに旅行で行き来することによる収入が減ることは困るわけです。ＧＳＯＭＩＡ（軍事情報に関する包括的保全協定）の問題でも、手品みたいなことになって解決しつつあるわけです。日韓の国民レベルのつながりこそは、安倍首相の個人的な反感というものでは抑えきれません。韓国は敵だと日本の政府が言うことは許されないという世論も強まって、解決する方向にいかざるをえないところにきているのではないでしょうか。ですから、まったく絶望的な状況ではないと思います。

小森　日本の市民運動に参加している人々が国会前集会で振っているキャンドルは、韓国のキャンドル革命の人たちから贈られたものですから、日韓の市民的連帯は続いています。

# あとがき

本書は和田春樹氏の論文「東北アジアと朝鮮半島に平和体制をつくる」が第一章、孫崎享氏の論文「朝鮮戦争と日米同盟の経緯」が第二章、小森論文「日韓関係と安倍晋三長期政権」が第三章、そして論文執筆者三人による鼎談「朝鮮戦争70周年、アジアと日本の安全保障」を第四章とした構成になっている。

七〇年間終わらせることが出来ていない「朝鮮戦争」を、改めて歴史的にとらえ直し、東アジアにおける平和を実現する具体的道筋を提示することの出来る一冊になったことを、共同執筆者である和田、孫崎両氏に心から感謝する。

本書の編集の最終段階で、新型コロナウイルス（SARS-CoV-2）による感染（COVID-19）が広がりはじめた。中国の武漢市から始まったために、当初はアジア系の人々を差別することが問題になったアメリカやヨーロッパ諸国でも感染は一気に広がっていった。

本書の「あとがき」を執筆している三月末の段階で、この感染症の広がりが終息する目処は一切立っていない。しかし一つだけ誰の目にも明らかになったことは、どれだけ最先端の技術でミサイルや戦闘機をはじめとする武器を開発しても、人間の命を救うことは出来ないという、あたり前すぎる真理であった。

自国民の健康を支える医療保健制度をもたず、軍需産業に「北朝鮮特需」をもたらしつづけてきたアメリカのトランプ政権。その求めに応じて莫大な軍事費で、アメリカ製の戦闘機を買いつづけている日本の安倍晋三長期政権の政策の誤りが、これほど明確になったことはない。

鼎談の終わり近く、孫崎氏は「朝鮮戦争を平和条約によって終結し、平和条約のなかに敵対的な軍事的なものは持ち込まないないなど、さまざまな方法がある」と強調された。それを受けて和田氏は、「日韓の国民レベルのつながりこそは、安倍首相の個人的な反感というものでは抑えきれません。韓国は敵だと日本の政府が言うことは許されないという世論も強まって、解決する方向にいかざるをえないところにきている」と指摘された。

新型コロナウイルスの感染の広がりをめぐりきわめて困難な、人々の命を守るための、全世界的な努力が日々報道される中で、私たちは「朝鮮戦争」勃発七〇周年をむかえることとなる。

人間の命のかけがえなさが、日々強く意識される中で、この長い戦争を、本当に終わらせるための、この戦争に関わって来た、それぞれの国と地域の人々が力を合わせる契機を、本書を手にとって読んでくださったみなさんに創出していただくことを心より願っている。

二〇二〇年三月三一日　　　小森 陽一

## 著者プロフィール


**和田春樹**（わだ・はるき）

1938 年、大阪府生まれ。東京大学社会科学研究所名誉教授、歴史学者。ロシア・ソ連・朝鮮半島の近現代史に関する著書多数。『朝鮮戦争全史』『日露戦争——起源と開戦』（以上、岩波書店）『日本と朝鮮の一〇〇年史』『領土問題をどう解決するか——対立から対話へ』『慰安婦問題の解決のために——アジア女性基金の経験から』（以上、平凡社新書）『北朝鮮現代史』（岩波新書）など。

**孫崎　享**（まごさき・うける）

1943 年、旧満州生まれ。東京大学法学部を中退し、外務省の駐ウズベキスタン大使、国際情報局長、駐イラン大使、防衛大学校教授などを歴任。東アジア共同体研究所長。著書に『戦後史の正体』（創元社）は 22 万部を突破。他に、『日米同盟の正体』（講談社現代新書）『日本人のための戦略的思考入門』（祥伝社新書）『これからの世界はどうなるか』（ちくま新書）『日米開戦の正体』（祥伝社）『13 歳からの日本外交』（かもがわ出版）など多数。

**小森　陽一**（こもり・よういち）

1953 年、東京都生まれ。東京大学名誉教授、日本近代文学研究者。「九条の会」事務局長として、日韓市民交流にも尽力。著書に『漱石を読みなおす』（岩波現代文庫）『天皇の玉音放送』（五月書房、のち朝日文庫）『心脳コントロール社会』（ちくま新書）『あの出来事を憶えておこう——2008 年からの憲法クロニクル』（新日本出版社）『子規と漱石——友情が育んだ写実の近代』（集英社新書）『13 歳からの夏目漱石』『戦争の時代と夏目漱石』（かもがわ出版）など多数。

和田春樹（わだ・はるき）
東京大学社会科学研究所名誉教授、歴史学者

孫崎　享（まごさき・うける）
外務省国際情報局長などを経て、東アジア共同体研究所長

小森陽一（こもり・よういち）
東京大学名誉教授、日本近代文学研究者、「九条の会」事務局長

朝鮮戦争70年――「新アジア戦争」時代を越えて

2020年6月1日　第1刷発行
著　者　© 和田春樹／孫崎享／小森陽一
発行者　竹村正治
発行所　株式会社かもがわ出版
〒602-8119　京都市上京区堀川通出水西入
TEL075-432-2868　FAX075-432-2869
振替 01010-5-12436
ホームページ http://www.kamogawa.co.jp
印刷　シナノ書籍印刷株式会社

ISBN978-4-7803-1091-7　C0031